U0485948

坚韧的中国

坚韧的中国

1840年以来的回顾与眺望

董少鹏 窦国庆 著

当代世界出版社
THE CONTEMPORARY WORLD PRESS

图书在版编目（CIP）数据

坚韧的中国：1840 年以来的回顾与眺望 / 董少鹏，窦国庆著. -- 北京：当代世界出版社，2023. 11（2024. 8 重印）

ISBN 978-7-5090-1763-0

Ⅰ. ①坚… Ⅱ. ①董… ②窦… Ⅲ. ①中国历史-近现代 Ⅳ. ①K25

中国国家版本馆 CIP 数据核字（2023）第 172173 号

书　　名：坚韧的中国：1840 年以来的回顾与眺望
出版发行：当代世界出版社
地　　址：北京市东城区地安门东大街 70-9 号
邮　　箱：ddsjchubanshe@163.com
编务电话：（010）83907528
发行电话：（010）83908410
经　　销：新华书店
印　　刷：北京新华印刷有限公司
开　　本：710 毫米×1000 毫米　1/16
印　　张：17
字　　数：190 千字
版　　次：2023 年 11 月第 1 版
印　　次：2024 年 8 月第 2 次
书　　号：978-7-5090-1763-0
定　　价：69.00 元

代序
以地球村村民的视角看新世界

当今中国已经走入世界舞台的中央，一举一动都可能产生外溢效应。中国式现代化进程关乎全球的繁荣发展，关乎构建更加公正合理的国际秩序。国际社会对中国充满期待，也有不少复杂心态。面对更加复杂的国际环境，需要更多人参与公共外交，向外国公众说明本国的政治、经济、人文、历史等国情。好的说明者应当是好的“自知者”，这样才能向世界传递中国声音和中国智慧，增进中外沟通，让中国的发展壮大与人类社会发展大势协调起来。

《坚韧的中国》一书为更好地认知自己，从而能更好地向世界说明中国，提供了对近两个世纪以来中国从一个落后挨打者转变为图强变革者，从一个跟随追赶者转变为参与者、共建者、引领者的清晰轨迹，做出大历史观、大政治观、大发展观阐释，令人长思，也令人振奋。在全球化时代，各国相互关联、相互作用，没有人愿意孤立自己，做鲁滨逊，也没有人有本事去隔离别人，而不伤害自己。将中华民族和当代中国的宝贵内核力量发挥好、传承好，首先要科学准确地、与时俱进地识别自己，这也是本书的首要意义。

两位年轻作者，一位是长期从事资本市场和宏观经济政策研究的董少鹏，一位是从事军事战略理论和现实课题研究的窦国庆。这样珠联璧合、长项互补的作者组合令人瞩目。我和董少鹏同志相识于浦东开发开放十周年之际，他对我做了专访，并提出用“浦东逻辑”一词来概括浦东开发实践的思路，我们一拍即合，颇有心心相印之感。此后我们多有交往。我发现，他研究资本市场等经济问题有广阔的思维，对国家战略和国际关系的研究也时有见地。他与从事军事战略研究的窦国庆同志合作，将历史思考与政策研究、战略前瞻有机结合，构成了本书独特视角、独到见解、全新结构的基础。

近年来，研究中国、参与中国、评价中国已是全球热门话题，但对中国的误读、误解也很多。不仅外界如此，国内学界、业界也有类似情况。本书提出无论时代如何变化更替，每个国家的地缘位势和民族特点是相对稳定和延续的，并据此强调中华文明中天下为公、民为邦本等思想的时代价值和世界价值，反对在国际关系中继续搞丛林法则。中国走过苦难的历史，实现革新图强，走向民族复兴，真正的支撑内核是以天下为己任的民族精神和艰苦卓绝的实践。本书回顾历史、分析当下和展望未来，每一个环节都十分注重天下为公的精神内核和实践内核。我认为，这个内核是中国传统宝库中的财富，正是文化自信的所在，也是中国当下发展的力量源泉，还是未来世界和平发展、繁荣发展、安全发展的理念和实践支撑。

当今世界并不太平，冷战思维、单边主义、逆全球化思潮给人类社会带来威胁和挑战，一些热点问题亟待全球合作加以解决，人类共同文明、共同利益、共同福祉亟待各方维护。本书客观分析中国面临的重大安全问题、在国际关系中的建设性作用、维护自身发展权益的重大主张；真情阐释与邻为善、以邻为伴、深化互利合作、维护共同安全的良好愿望；深入解读以构建新型国际关系和建设人类命运共同体为主要内容的“国际观”“世界观”。作者对中国和世界面临的共同战略问题提出了建设性思考，将平和、平视、平衡的“地球村村民”思维贯穿其中。在我看来，这实质上是中国这个现代化新兴大国的国民心态的一种投射，反映了时代的巨变。我相信，本书对外部理解中国政治理念和外交政策也有所裨益，这或许提示了及时出版英译本的可能性。

习近平主席指出，“人类社会创造的各种文明，都闪烁着璀璨光芒，为各国现代化积蓄了厚重底蕴、赋予了鲜明特质，并跨越时空、超越国界，共同为人类社会现代化进程作出了重要贡献。中国式现代化作为人类文明新形态，与全球其他文明相互借鉴，必将极大丰富世界文明百花园。”中国当代文明将随着中国式现代化的推进为世界文明注入更多新动力、新能量，中国当代人作为地球村村民，将为世界持久和平、普遍安全、共同繁荣、开放包容、清洁美丽不断作出新的贡献。

赵启正

国务院新闻办前主任、全国政协外事委员会前主任

序言

当今世界正处于百年未有之大变局。中国正步入前所未有的新时代、新征程。值此民族复兴关口，任何一个心系民族命运的人，都应心怀自信与清醒，洞察中国在世界变局中的起伏转折，以思索未来崛起之路。

历千年而从未中断的华夏文明，以及逐渐发展壮大起来的中华民族，底蕴深远，历史可鉴。我们早就有一个愿望，把中华民族自近代以来在国际体系当中跌宕起伏的发展变化，做一番深入但又简明的梳理。2022 年 2 月，俄罗斯发动对乌克兰的特别军事行动，世界格局呈现出一系列新变化。如何远离战争、实现普遍和可持续安全，是人们深思的重大课题。

很多人都在思考：走向复兴的中华民族，该如何应对这些新变化？该如何统筹内外因素，巩固发展成果并拓展更好局面？该如何处理地缘政治和其他跨国跨地区的利益之争，谋求自身安全和全球安全的统一？

乌克兰距离我们并不遥远，俄罗斯则是与我们长期相处的近邻。何况，在当今这个全球化的世界里，任何一个国家的动荡都可能形成外溢效应。乌克兰危机，本质上是北约体系继续扩张与俄罗斯安全利益的冲突，是对冷战后地区安全累积问题的历史性回应。所以，这场危机不仅涉及俄乌两国，而且波及很多国家。如果说冷战初期朝鲜半岛和德国被人为分治是一个开头，其后越南战争和阿富汗战争则是冷战双方胜负转换的节点。如果说伊拉克战争、第二次阿富汗战争是美国为扩大全球霸权向空白点投棋布子的话，那么，乌克兰危机可能是对美国妄图独霸世界的一次反噬。我们反对战争、忧虑生灵涂炭；我们同时反对单边主义、强权政治，忧虑其导致的国家不安全、地区不安全。乌克兰危机不仅是两个国家之间的冲突，而且是全球利益格局下一种力量对另一种力量的战争，具有全球政治代理人战争的特点；是实体战与信息战、金融战、经济战相互交织的战争，是地缘政治长期失衡的一次总爆发。

对中国而言，要坚定维护好国家主权、领土安全和发展利益，同时要维护国际公平正义；针对地缘政治、国际热点问题，要采取正确的立场和方法，力争最优化效果。中国作为全球性大国，不仅经济上与世界各国有广泛的联系，而且在政治、人文、技术等方面都有广泛的联系。世界安，则中国安；世界稳，则中国稳。反过来说，没有中国的安全，世界也不会安全。中国保持稳定和持续发展，并在国际事务中发挥重要的平衡作用、建设作用和引领作用，也将造福世界和人类。

无论哪个民族，从兴盛陷入困顿，或从衰弱走向强盛，其在不同时期所依托的政治经济模式可能发生很多变化，但这个民族的性格、地缘关系却不容易改变，而且具有很强的延续性。传承民族优秀品质，守住民族的灵魂和意志，保持和增强战胜自然威胁和社会挑战的综合能力，非常重要。一个伟大的民族，必然是对大自然充满热爱，将经济社会发展与自然界永续发展相统一，并以持续创造力塑造人与自然和谐发展的民族。一个伟大民族，既有博大包容之胸襟，又有主动作为和斗争精神。

本书涉及众多历史事件和发展节点，但我们努力摆脱那种繁琐的过程描述，运用系统化思维，遵循历史发展的大脉络，注重其关键环节，探究历史演进的内在动力和事物长期发展变化的本质，以资当下治理，增进国家和人民的长期福祉。

让我们通过此书，与广大读者一起思考，以更加积极有为的姿态，走向依然艰辛但又充满希望的未来。

目 录

中篇　国家角色的重塑

下篇　新型现代化和新的引领者

前言

世界历史，是一部不断有伟大民族崛起和衰落的历史；时代车轮，推动各个伟大民族在自觉和不自觉中实现与时俱进的演变。某些曾经伟大的民族在演变过程中一蹶不振，甚至消失于人类文明中。

最近两百年是人类历史上变化最快的两百年，各个伟大民族的变化更加显著。这期间，中华民族实现了翻天覆地的大变革，也经历了其他民族演变过程中所经历的一切：曾经因为拥有一定优势而自大，因为自大而排斥变革；曾经因为封闭保守而落后于时代；最终，知耻而后勇，主动推进一系列变革，走向复兴大道。

中华民族在近两百年间，穿越历史烽烟，饱经磨难，淬火而重生。

清朝后期（1840 年至 1911 年）的数十年，中华民族由茫然失措的落后者、任人宰割的受难者，到日益觉醒的奋力反抗者、图强图治的变革者。中华民国（1911 年至 1949 年）时期，中华民族走向探索共和制新阶段，在效仿西式民主制度过程中，政客、军阀纷争不断，始终未能形成一个民心所向、足以应对国际霸权压制的政治领导核心，继续遭受外部欺凌。中国共产党 1921

年成立后，在斗争中快速成长，成为广泛凝聚人心，继承和弘扬优秀民族文化，把马克思主义与中国实际相结合，汇聚社会精英力量的先进政治集团，点亮了东方天空，带领人民走向新生。

1949 年中华人民共和国成立，开启了中华民族走向伟大复兴的新纪元。新中国坚持独立自主和平外交政策，反对国际霸权主义和强权政治，开创性地走出了一条与世界各国友好相处、互惠互利的和平发展之路。新中国是国际社会举足轻重的重要力量，中华民族以自己的优秀品格和卓越业绩屹立于世界民族之林。

目前，海峡两岸仍处于分治状态，但两岸同属一个中国的法理和事实从未改变。“台独”分裂分子勾结外部势力阻挡统一，是逆流、是邪路，必须坚决遏制。实现国家完全统一，中华民族将迎来更为广阔壮丽的发展前景。

这一历史时刻，是苦难中先人们的美好憧憬，是奋斗中先人们呐喊着“中华民族到了最危险的时刻”矢志不渝的奋斗目标。先人们的坚韧、智慧、勇气、牺牲，成就了今天的中华民族。我们这一代人，站在他们的肩膀上，守护和建设今天，眺望和创造明天。

上篇 为什么输给自己

从1840年鸦片战争开始，中华民族陷入了内部治理失效、外部强敌压制掠夺的被动局面；以清朝灭亡为标志，中华民族走向艰难曲折的重生之路。从那时以后，中华民族又历经了至少三次亡国之险。其中的艰辛与磨难、抗争与锤炼，亘古未有！

旧制度的捆绑

彼封建者，更古圣王尧、舜、禹、汤、文、武而莫能去之。盖非不欲去之也，势不可也。势之来，其生人之初乎？不初，无以有封建。封建，非圣人意也。

——柳宗元，《封建论》

一种比较常见的看法是，中华民族长期处于旧的王权制度统治下，制度变革过于缓慢，直到清朝后期才开启了几千年未有的巨变；但事实并非如此——中华民族生存发展所依托的社会制度，一直有改革的因素在涌动，只是在很长的历史时期内，这种变化处于量变状态。

清朝中期以前，欧洲爆发工业革命极大地提升了该地区生产力水平，并导致经济社会治理体系发生重大变化。新生的资本主义制度反过来促进社会生产规模和市场需求大扩张，对世界范围内生产关系带来重大冲击。中国当时没有充分接收到这一呼啸而来的世界性冲击，是因为中国比较早地形成了统一的多民族国家模式，经济上自给自足并且持续发展，治理体系和社会状态较为稳定；虽然王朝不断更替，但中国式的王朝治理体系犹如一架可以长久行驶的老车，即便速度降低了，部件也不新潮了，但仍给人一种足够支撑社会经济发展前行的错觉。当然，这样的治理体系也失去了主动变革的内生动力。在清朝中期以后，国内不断兴起思想理论和科学技术进步运动，但在固化的、沉重的、老旧的社会体系面前，都只似力量微弱的浪花，被埋没了。

中国的科技体系并非一直落后于人，只是在清代落后了。宋元时期，中华文化和科技是世界范围内的一座高峰。但也正是在宋代，北方游牧民族不再满足于对中原地区小规模袭扰和小范围争夺，而转为大规模进攻和争夺。这时候，出现了一个奇怪的现象：所有进攻中原地区的游牧民族，最终都被汉文化同化了，很少保留自己以前的文化。中华多民族大家庭不断扩大和兴盛，发展壮大了中华文化，也延续了当时尚处于世界先进水平的科技成果、社会制度成果。

元明清三代，中国领土范围进一步扩大，多民族融合发展加速演进。能征善战、质朴勇敢的满、蒙、维、藏等民族居民，相继加入中华民族大家庭。中原以外的居民向中原地区“反向融合”，中原文明则向中原地区之外“扩散融合”。这使得中原地区的制度文明迅速向外围扩展，王权制度体系因民族融合得到巩固和发展。这种文明顶峰状态使得中华民族满足于“文明自给”的安稳，对域外文明的关注度和引进需求逐步退化。中华民族的王权制度体系在走向成熟期后，不是愈大愈强，而是愈大愈弱了。同时，由于缺乏全球的参照视野，中国当时的统治者难以觉察这一弱化趋势，亦无法奋起改革。

中华民族走向大一统，是不断调整和巩固封建王权制度的过程。当封建王权制度成熟到不能再进步时，国家和民族的衰落也就开始了。可以说，封建王权制度既是中华民族不断发展壮大的基础和保障，也是中华民族由盛及衰的根子和诱因。也可以说，中华民族的规模体量越庞大，封建王权制度所包含的劣根性也就越具杀伤力。宋朝以后，每次北方民族争夺中原，无一例外，都要依靠封建王权制度体系，实现其缺少“群众基础”的“少数派”统治。这种政治制度的自噬效应是容易在内部族群间设立藩篱，却难以合力面对“国际社会”；情况严峻时，内部甚至拔刀相向、相互残杀。

族群之间各分畛域，民族何以强大？元朝的教训正是如此，民族内部相互争夺，消耗国力民力，最终导致政权覆灭。相对元朝，明清两朝在处理族群关系上形成了一些创新性的制度安排。但族群之间冲突争斗的惯性并无太大改变。当然，这既是封建王朝制度的局限性使然，也是历史逐步演进、民族逐步融合的必然。

宋元时期起，中华民族在欧亚大陆东端的影响力与日俱增，但这种文化强盛、制度强盛的状态亦导致了守旧与封闭心态。在欧亚大陆西端的西欧，经历了黑暗的“中世纪”后，开始“宗教改革”“文艺复兴”“地理大发现”等政治革命和思想革命，又经历了科技大爆发的“工业革命”。叠加技术和思想革命的强大爆发力，兴盛起来的西欧文明迅速向全球扩张，使得其他文明低下以往高傲的头。当然，在笔者看来，西欧文明迅速崛起，有着极强的“技术欺压”和“功利主义”特征，即强者通吃、顺我者昌、逆我者亡。西欧文明从一开始就是与“不文明”相伴而生的。但不可否认，如果没有西方殖民者横空出世、扰动世界格局，中华民族必定还会延续自己的发展逻辑推进文明进程和经济进程。强悍的西方殖民者从海洋和大陆发起进攻，其目的是在欧亚大陆东端构建自己的实力体系，那时，中国人尚未发觉危机已经开始，仍陶醉于天下中心的自信与自豪当中。

可见，不同“代际”的王朝与长期稳固的封建王权制度体系之间，形成了相互啃噬的恶性循环：一方面，新兴起的王朝为巩固其统治，千方百计加固王朝制度体系；另一方面，新王朝为确认自身政权的合法性，必须拿出一些与前朝不同的举措，但不断加固的王权制度对体制创新是排斥的，所谓的新举措不能动摇基础制度体系。于是，接续而来的一个个王朝在巩固既有制度的同时，也巩固了内生的制度反噬因素，这使得制度危机因素和制度巩固因素同时累积。这就导致了一个严重后果：封建王权统治阻碍了中华民族全方位、全领域的发展，限制了中华民族的国际竞争力，封闭和僵化的因素日益加重，排斥外界风起云涌变革的做法反复叠加。

西方殖民者凭借科技和军事实力向全球扩张时，中华民族的命运、王朝统治者的命运，取决于怎样回应扑面而来的西方先进技术、文化和社会制度。那时的中国人可以有两种选择：一是学习强者，改造自己；二是固守现有制度体系，排斥向外部学习借鉴。当一个王朝日益走向封闭时，统治者更容易做第二种选择。

虽然封建王权时代，也有不少以天下为己任的士大夫，但总体来看，王权模式必然导致统治者脱离人民，他们固守所谓的王朝秩序，根子上是固守统治阶级利益。当统治者笃信其可以凭借既有制度体系维持统治时，必然反对学习和吸收外来文明，反对变更自己的制度体系。同时，会采取愚民之策，防止民智大开、削弱其统治基础。这必然导致国家和民族错失历史机遇，一步步走向被列强欺凌践踏的境地。

那时的中华民族，处于整体性被动挨打和局部性人民觉醒的状态。时代进步因素能否涌入并被吸收，取决于官员、民众对外来事物的态度，而非只取决于王朝执政者。正如上文所说，封建王朝体系不可能是铁板一块，其中也有与时俱进、勇于参与变革的弄潮儿。只要有一点点缝隙，外来事物就会顺势而入。

第一次鸦片战争

中国不是自己走出中世纪的，是被轰出中世纪的。

——陈旭麓

由于中国封建王朝制度形成了“超稳定结构”，在缺少科技进步驱动力的情况下，朝廷扩大开支、维系统治，就只能靠榨取人民。王朝统治集团极度缺失对外观察、借鉴和互动的动力，缺失内在变革的动力。即使统治集团有少量觉醒者，也不能改变其整体思维固化、制度固化、行为固化的状态。同时，在庞大的封建王朝体系中，社会上的进步力量也属于“少数派”。总体来看，清朝末年的中华民族，对外来新生事物是排斥的，对外交往能力是退化的。笔者认为，封建社会的“士大夫”群体和“天下观”，是有积极意义的，但如果这一群体和他们的视野脱离了世界大潮，对强势崛起的外部力量缺乏基本认知，其进取心也就失去了支撑。事实上，清末朝野弥漫的，恰是这种固守中华国土即可长治久安的心态。于是，在应对外来扩张势力时，缺乏成熟的对策，加重了被动挨打的局面。

“第一次鸦片战争”就是在这样的背景下爆发的。表面看，战争是因为西方侵略者扩张现代商业版图与中国封建王朝坚持自给自足经济之间的冲突；而实质上，这是当时的中国文化与西欧文化、中国封建制度与西方资本主义制度之间的碰撞。

在西方列强向亚洲东方开拓殖民地之前，东西方之间整体上是互相割裂、各成一体的，不存在谁和谁比较的问题，也不存在谁引导谁的问题。那时的中国，政治、经济、文化、社会各方面的制度性沉疴越积越深，王权掌控者满足于已有的地盘和影响力，没有向外扩张的渴望——不仅是物质的扩张，也包括精神的扩张。而西方列强则在相互争夺中，砥砺强化了对外扩张意志和能力。尤其是工业革命之后，西方列强或为了争夺资源，或为了拓展市场，或为了传布其信奉的价值观，纷纷加大扩张力度。那时的东西方力量对比的情境是：一只久无外敌的狮子正在酣睡，另一只狮子则走出自己的巢穴，准备撕咬猎物。

第一次鸦片战争时期，正在沉沦的大清帝国，没有探究英国等西方列强政治、经济、文化日益强盛的意愿，只要外界别来找麻烦就行了；而英国手有利器，没有太大的耐心与封闭的清政府沟通协商，而想凭借强势打开这个古老又富足国家的大门。

一个不应忽略的事实是，随着西方工业文明兴起，早在第一次鸦片战争之前，中英贸易已经常态化了。那时，虽然朝廷要求执行海禁政策，但限于交通和通信条件，北京皇权中心无法有效监督执行海禁，东南沿海地带对外贸易已是常态。地方官员对此睁一只眼闭一只眼，有的甚至暗通款曲。

贸易的走势，是由双方的中长期需求决定的。当时，有两个重要因素决定了中英贸易的走向：第一，中英两国的经济结构没有互补性，不能实现贸易互补。中国是一个农业国，既没有全国统一的商品市场，也无拓展海外市场的动机。英国是一个快速发展的工业国，高效的工业生产迫切需要拓展海外贸易空间。中国实行海禁，英国商人就难以开拓中国内地市场；又因为生产力落后，没有配套能力，中国官民也不需要采购工业化所需的各种机械。所以，中国基本上没有接纳英国工业产品的市场，只有少部分达官贵人和乡绅将其作为观赏与炫耀之物。第二，中英两国自然环境和传统文化都不同，不便于交流，缺乏开展大规模贸易的人文基础。英国民族是海洋性民族，目光习惯性地投向海外；中华民族总体上是大陆性民族，目光所及是农牧业和初级工业生产，工业生产也主要是使用内部资源、满足内部需要，没有全球性大规模商业贸易的概念。

在当时，以静态视角来看，传统物资丰富的中国可提供“英国之需”，而生产先进的英国却不能提供“中国之需”。

英国生产的绝大部分工业制品，在中国没有市场，但英制鸦片却可以给吸食它的人们带来某种愉悦。于是，英制鸦片迅速输往中国，成为中英贸易中的大头。历史地看，英国倾销鸦片是为了商业利益，但更是侵略行为。因为，当时英国本土是禁止鸦片生意的，英国商人向中国倾销鸦片赚取的是不义之财。而中国官僚体系陷入不可救药的腐败，英国商人通过行贿，即可打开鸦片贸易之门。一些官员甚至成为鸦片商人的帮凶。长此以往，鸦片贸易造成中国白银流失、民众受害、官员加剧腐败，朝廷的统治也受到冲击。

经济问题变成了政治问题，清朝统治者决定任命林则徐为钦差大臣，实行禁烟。

在封建王朝体制下，朝廷追求的重点不是发展和创新，而是王权稳固；高级官吏以忠于朝廷、保证一亩三分地的安定为最高从政标准，鲜有对世事的前瞻性研究。他们对西方列强行为给中国治理体系的巨大冲击缺少认知，而把鸦片问题简单化为“蛮夷”给中国人带来了身体伤害、利益流失和官场腐化。林则徐作为典型的忠君爱民高官，在受命禁烟之前，对英国的国情知之甚少。直到战争失败后，他才开始放眼世界。而那时，他又因观点过于独立而备受冷落，在官场上显得鹤立鸡群。

带着对鸦片和贪腐官员的憎恨，林则徐启动禁烟运动。他严令所有外国商人交出全部鸦片，并且做出不再销售鸦片的保证；同时，严惩涉事官员。他还下令逮捕大烟贩颠地，迫使英国商馆交出匿藏的鸦片。但直到最后，林则徐也没有做到从源头上堵住鸦片贸易。

一方面，清政府派林则徐执行强硬的禁烟措施；另一方面，各地方政府之间互不隶属，不能协调配合。这就导致了政策无法最终落地。虽然各省督抚支持禁烟这个大方向，但对采取什么政策又有所保留，所以，地方政府对林则徐的支持非常有限，甚至可以说，林是“孤军作战”。英方看到清政府外表强大，但权力体系内部并非铁板一块，于是有了可乘之机。

禁烟运动是朝廷基于对外来者的愤怒而发动的。以“天下中心”自诩的清政府认为，鸦片贸易危及国家利益与民族尊严，甚至政权稳定。但其没有意识到禁烟可能引发的反弹：已经从鸦片贸易中获得巨大利益的英国商人，是不甘心财路被断掉的。

英方不仅因断了财路而气愤，还担心其他国家效仿中国禁止鸦片的做法，危及其全球贸易体系。

可以说，禁烟运动伸张了正义，但未能解决中英关系的根本矛盾。清政府未能制定出系统的政治、经济、外交政策体系，以应对业已形成的中英利益严重失衡问题。以历史的眼光看，当时的清政府不可能用开放的心态来处理鸦片贸易问题，因为它并不担心所谓的外界孤立。

用今天的视角来看，市场是个好东西，它具有“你中有我，我中有你”的魔力。一个繁荣的市场是处理外部关系的重要杠杆。但当时的清政府，还不具备今人对市场的认知。我们今天说，消除鸦片贸易的土壤、减少鸦片购买需求，同时鼓励英国尝试销售其他产品，才是根本之策，不能只“禁”不“疏”，这不过是事后诸葛亮而已。

清政府断然禁烟，而英方希望继续享有中国这个大市场。于是，英国从帝国主义立场出发，做出了开战决定。

当时，英国正处在霸权扩张的顶峰时期。其作为欧洲大陆外的岛屿大国，一直持“光荣孤立”政策，与欧洲大陆的大国保持均势。第一次鸦片战争时逢“拿破仑战争”结束后的“欧洲协调”时代，没有任何一个欧洲大国具有独霸欧洲大陆的野心，英国在确保其欧洲利益的基础上，可以心无旁骛地集中力量对付清朝。此前，英国最大的强敌法国，与英国狼狈为奸，转而跟随英国到亚洲抢掠。

清朝经历了“康乾盛世”和嘉庆时代，进入道光时代，内乱基本消除，皇权得以巩固。不过，其在政治上延续数千年的封建王权制度，经济上沿袭守旧的自给自足经济，整体上处于历史惯性和束缚桎梏的顶峰。无论从思想意识上，还是现代军备上，清朝都不具备应对外强武力侵略的能力。

反观英国，在政治层面进行“光荣革命”，在经济和科技层面开启工业革命，国力迅速增长，成为列强之首。英国先与西班牙、荷兰、葡萄牙等争夺海上霸权，后与法国争夺欧洲大陆和美洲大陆霸权，再后来与俄罗斯争夺中亚和中东霸权。在第一次鸦片战争前后，英国政府和民间在实力与信心两方面都达到了顶峰。

所以，双方战端初开，高下立判。英国表现得既坚决又灵活。其派出远征军后，并没有直接宣战，而是称武力报复。在开战前，英军向清政府递交了一封由英国外交大臣书写的信函，要求清政府迅速答复问题，不可拖延时间，意在激怒中国开“第一枪”。毕竟，英制鸦片贸易令人不耻，如果直接用军队对抗中国的禁烟运动，英国也担心其他列强借机发动政治和外交攻击。故而，英国宣称武力报复却不宣战，目的是把战争限制在可控范围内，依靠战争威胁取得谈判优势，迫使中国打开市场。

但英国并不了解中国。在清政府决策者心中，根本没有“宣战”这一法律和政治概念，也不可能制定一整套政治、经济、军事措施来应对英国的远征军。在整个战争中，朝廷、军民在心理上、战术上处处被动。

战争压力已经来临，清政府却还在重复以往封建王朝那种面对外敌入侵、是战是和的心理徘徊。清政府认为英国人是“蛮夷”，要么是称臣纳贡的臣子，要么是违背伦理忠德的土匪。既然英国人以武力相威胁，就要惩戒之。这种临时性、应激式的惩戒模式，注定了清朝政府战略上的失败。更糟糕的是，在开战之初，清政府居然想以威慑人、以德服人、以战败人。

英国把清政府当作打仗的对手，清政府却把英军当作不可能动摇大统的蛮夷，这是思维上的巨大时空反差。比如，英国远征军非常重视侦察和分析中国沿海的地形，也非常重视收买官员等内线，对搜集情报极为用心。而清政府似乎不屑于了解“蛮夷”

的军事装备和策略。不了解对方，自然会吃败仗。清军根本没有摧毁英国海军战船的能力。在英军利炮的猛烈轰击之下，清军防线被炸得粉碎。虽然清军和地方武装在局部地区取得一些战果，例如“三元里抗英事件”，但通观整场战争，清军的战略战术乏善可陈，将士和军民的血性拼杀叠加落后而混乱的指挥，不可能塑造战胜敌人的强大战力。

中国的封建王朝时期，设立海防的主旨就是防人于陆上，而不是防人于海上，即阻止对方登陆即可。从广东、福建到江浙一带，除了在海岸上设置炮台，根本谈不上什么海防体系。并且，京杭大运河以及沿海交通大动脉上根本就没有设置军事防御设施。英国人获知这一情况后，迅速组织进攻。经过一系列海岸近地交战后，英军对清军的实力更加了如指掌，更加肆无忌惮了。最终，清军战败。

军事上的被动立即导致政治上的被动。

战争初期，英国人不想把战事扩大，也不想拖得太久，而是希望借此获得贸易实惠。从战争组织来看，英国远征军的陆上、舰上行动实行统一指挥，军事行动与商务谈判相互配合，以打促谈，边打边谈。而清政府在战与和的决策上反反复复，导致不能统一调动、优化配置军事资源：各省各自为政，各省的水师与炮台之间甚至内防之间也是各自为政。

显然，清朝统治集团并没有预料到，有一天会有比倭寇更强大的敌人出现。其海岸防御手段和力量体系和明朝相比，并无多大改观。海防的空间范围很窄，无力抵抗先进军队的打击。站在今天的时空轴上，对一个大国来说，单纯的海岸防御体系根本不具备现代军事价值。在清朝，这些不具备现代海防价值的海岸防御体系，运转起来也要投入巨量财政和人力资源，这就导致财政负担加重。

用今天的视角看，军事力量体系落后，不能对重要的政治和经济目标提供必要的保护，是国家力量的软肋。在清朝，江浙一带是国家赋税重地，京杭大运河是南北交通大动脉，但它们缺乏相应的军事保护。

这个软肋不仅是军事上的，也是政治上的、经济上的，是全局性的。王朝的有序、有效、有力运转，取决于均衡的财政收入，而清朝财政收入绝大部分来源于东南沿海一带。因此，外敌威胁中国沿海一带就等于威胁整个王朝的运转。对于一个国土辽阔但交通体系不发达的国家来说，政治、军事中心距离经济中心过远，是致命的弱点。

元清两代，朝廷都将首都定在北方。明代则在北京、南京两地摇摆，最后定都北京。于是，政治和军事中心北京与富庶的江南之间的交通线，就成为王朝统治的生命线。如果这条生命线得不到保护，则意味着王朝难以获得稳定的财政收入，就容易在战争中溃败。中国在鸦片战争中失败，并不是因为中国整体国力弱小，而是因为封建王朝制度下的这一致命软肋被英国抓住了。南京以南的沿海省份受到致命威胁，清政府担心财源中断进而影响政权稳定，所以，签下《南京条约》这一城下之盟便是必然。

从军事角度看，鸦片战争只是清朝和英国之间一场持续两年的低强度军事冲突，根本算不上大国战争。然而，基于清朝在东亚长达数千年的中心地位和英国在全球的霸权地位，鸦片战争的政治意义远远超越了战场。清朝政府第一次感受到来自域外的强势进攻，战后，中国在东亚的中心地位并没有根本性改变，但朝廷和民间的心态开始出现微妙变化。对英国来说，鸦片战争是其成功取得欧洲大陆均势地位后，第一次向太平洋进发、向一个陌生的大国投放军事力量。可以说，在拿破仑战争结束后，英国利用“欧洲协调”玩转欧洲，此次则通过征服中国开始玩转世界。英国取得鸦片战争胜利，可以在欧亚大陆更广阔的范围自由行动，拓展全球势力范围。而法国、俄罗斯虽然也是帝国，但仍处于欧洲均势体系之下。

中国在鸦片战争中失败，说明封建王权制度已经不再适合中华民族的发展大势了。但当时，中华民族还不具备丢掉封建王权制度的基础条件。甚至于，改变封建王朝制度造成的危害可能比维护它带来的危害更大。

我们认为，鸦片战争失败的最大教训有三个：

一是僵化的官僚体系难以应对时代变局。封建王权制度下，权力高度集中，限制了臣僚独立思考的能力。这种制度造就了两种官员：一种是能够独立思考、敢于担当，但又因体制封闭僵化缺乏对外部世界的理性认知。这样的军事将领对外部世界无知而无畏，有胆量，但缺乏谋断的基础，战略思维受到制约，不足以致胜。另一种是对朝廷唯唯诺诺、对所谓的“民意”左右奉迎。这样的军事将领平时贪腐，战时胆小，更不可能一往无前冲锋陷阵，果断应对变局。这些官员在外交上，要么盲目排外，把什么矛盾都作为敌对性矛盾，缺乏整体调配能力；要么靠推诿拖延、雕虫小技拖延时间，维护并不牢靠的居高临下心态，导致矛盾爆发时败势一泻千里。这样的官员构成决定了，清朝总是在坚决抵抗和委曲求全两个极端中徘徊。当认识到军事抵抗毫无胜算时，只能屈膝投降，根本谈不上什么外交策略。

二是缺乏尚武精神的民族必定挨打。清朝后期的中国，人口规模、经济规模都不小，可谓雄踞天下，但已丧失了向外拓展的尚武精神，精英分子都想着崇文而当官，军事科技必然衰败。反观欧洲的英国，由于长期处于列强林立的环境中，尚武精神非常强烈。一个没有尚武精神的国度，武器装备长期滞后，被动防御的战略大行其道；而在一个尚武精神强烈的国度，主动进攻的战略占据主导，冒险进取成为官民心理常态，武器装备也会在这种思维驱动下不断更新。

三是没有专职外交机构导致丧失主动权。鸦片战争之前，清政府不屑于和域外之邦进行对等交往，当然不可能成立专门的外交机构，更不可能形成系统性的对外交往战略和方式。清朝需要与外国交涉时，一般由钦差大臣出面。从禁烟开始直到鸦片战争结束，在外交事务上，清政府先派遣林则徐、后派遣琦善，作为钦差大臣专职处理。这种委派钦差大臣的方式，在很大程度上属于临时性机制，而缺少系统性、持续性、战略性。

因此，钦差大臣看似权力很大，但难以获得各部门通力合作，导致国家外交事务难以形成整体合力，外交质量不高。实践中，在外交重大问题上，钦差大臣并无临机决断之权，事事都要请示报告。当时，通信条件有限，钦差大臣刚刚快马加鞭上报一个情况，紧接着又出现新的情况，导致外交决策落后于形势的变化。这就相当于把主动权拱手交给了英方。

当然，也不能因为鸦片战争失败而将清政府说成一无是处。鸦片战争让清朝朝野第一次感觉到，在大清之外，还有一支比自己更强大的力量存在。清政府长期维持的那种“天下中心”的自信开始动摇，对外部事物变得有些敬畏。一些官员和知识分子开始放眼世界，比如林则徐、魏源等人。

后来的历史证明，鸦片战争前的中国社会犹如内部深处正酝酿着巨大变化的一潭死水，鸦片战争相当于投入一块巨石，将整潭积水激荡起来，引发一系列连锁反应。

鸦片战争和历史上其他战争不同：以前的东西方战争，往往促进双方文明的交流，即战争结束后会达成文化上的某种和解，相对先进的文化得到传播和认同；但鸦片战争则加剧了东西方文明的对立冲突。第一次鸦片战争，清朝最大的失败不是在战场上，也不仅仅体现在赔款和割让土地上，而是清政府仍然没有醒悟到自身与西方先进文化和先进技术的巨大差距。其根本原因，是清政府认为鸦片战争是尊严之战，而不是命运之战。

所以，第一次鸦片战争后，清朝没有知耻而后勇，伤疤未完全好就忘了疼，继续做着天朝中心的美梦。虽然我们不能简单地认为，如果清朝有现代外交力量，就可以与英国人达成平等合作、自主开放通商口岸的协议，从而创造一种发展机遇；但是，假使清朝政府认清战败的根本原因，在耻辱中吸收列强带来的先进贸易、先进技术和某些先进思想，向现代化国家迈进一步，并非完全没有可能。

但历史没有这样书写，当时的清朝既无现代市场意识，也无现代的国家安全意识，当然，也不可能有相应的官方政策。

鸦片战争后，清朝统治者引导民众更加排斥外部世界，没有积极吸收西方资本主义文明的进步因素。不分青红皂白地排斥外部因素，特别是看到并体验到英国等西方国家的强势和压力后，仍不主动探究他们强在何处，反而固守僵化的内部制度体系，不能积极统筹内外因素寻求变革发展，无力应对疾风暴雨般的全球利益调整大潮。

英国精英们通过鸦片战争看清了晚清中国外强中干的本质：清政府最根本的利益诉求是维护和巩固王朝统治，并不在乎后代是否能够抵御外部世界变化带来的冲击；只要能够维护住王权统治，其他利益都可以让渡，包括割地赔款。

英国通过第一次鸦片战争，对清政府做了一次“把脉”。随即，英国及其他欧洲列强，开始向这个潜力巨大的市场和可以欺侮的对象，唱着歌大举进攻了。

外战加码无穷期

中国之大，而无自强自立之时，非惟可忧，抑亦可耻。

——李鸿章

清政府既没弄清楚第一次鸦片战争为什么要爆发，也没弄清楚它为什么结束。围绕朝廷权力运转的精英或庸才们，继续抱着底子早已虚弱的“天朝老大”心态看待日新月异的外部世界。

第一次鸦片战争后，清朝与英国为首的西欧国家之间的贸易额快速增长。很快，列强们就不再满足于清朝已开放的口岸规模，要求中国开放更多的通商城市。清政府不愿意这样做，这就导致了“第二次鸦片战争”。

第二次鸦片战争的影响更为深远。

第一次鸦片战争让列强们确认了，靠强硬和侵略政策，可以从中国拿到巨大收益。所以，他们把与清政府签订“城下之盟”作为上选之策。

第二次鸦片战争爆发时，克里米亚战争刚刚结束。英法作为欧洲两大列强，联手在欧洲遏制俄国，并向全世界拓展殖民地。战争一开始，英法联军便利用海上优势，直指清朝的政治中心——北京。

侵略者的意图和判断是：（1）在施压清政府时，要避免破坏沿海潜在的通商口岸和开放城市，相反，要保证这些地方秩序稳定，为下一步兴办市场和贸易区奠定基础。(2）攻打其他地区不能促使清政府迅速让步和投降。(3）从全球战略形势来看，当时英法共同围堵俄国，而俄国也从北方对清朝施加压力，英法直接攻入北京，有利于与俄国争夺中国利益范围。

第一次鸦片战争后，清政府在大部分时间里只是愤怒和惊恐，对西方列强不断“加码”的要求采取拖延战术，但无论在政治、经济还是军事上，都无深刻反省。这充分说明，封建皇权制度僵化到了极其严重的地步。

封建王朝本能地认为“疆土即为天下”，不可能以全球视野看待国家安全。也正因为如此，封建王朝最担心的是内乱。在第二次鸦片战争爆发前四年，“太平天国”运动兴起，席卷大半个中国，并伴生其他小规模农民起义。清政府统治内外交困、雪上加霜，不可能专注于应对外患。

第二次鸦片战争前后，清朝统治下的多民族统一国家秩序面临严重危机。太平天国运动在思想上“糅合了《旧约》基督教思想、平等主义、清教思想以及自己的创造性发挥”（简又文：《太平天国革命运动史》），但其建立的制度体系模式和领导人的理念同样是守旧的、封建的。代表旧制度的各种力量不断对抗和争夺，只会拖延新制度的诞生。清朝已经腐朽没落，新出现的太平天国则使一个没落王朝变得更加没落，进一步削弱了中华民族作为整体而向前发展的基础。

最初得到英美支持的太平天国政权，如果能够稳定下来，那么，列强们很乐见太平天国与清王朝南北对峙的局面。这样，英、法可以利用分裂的中国，在南方和北方都取得稳定的市场。

俄国作为紧贴中国北部边疆的列强，继续在中国北方扩张市场的阻力变小，也乐见其成。但这样南北分治的局面对中华民族的发展是巨大伤害。

太平天国的火焰从西南一直烧到东南，清政府于是出兵镇压，中国最富饶的地区陷入了兵荒马乱境地。西方列强看上的是中国大市场。他们权衡利弊后，决定支持清政府镇压太平天国，尽快规划和开发市场。

太平天国虽然打起基督教文化的旗帜，却没有得到列强们持续支持，说明列强们并不会以所谓价值观来衡量国际关系，而是以现实利益为先。

从清政府方面看，其冒着诸多风险镇压太平天国，初衷是巩固自身统治，但客观上，对维护和巩固统一的多民族国家体系、维护中华民族的完整性，是有利的。

那时候，俄国向东南扩张，英法向全球扩张达到高潮，美国则初步形成了全国统一的大市场。一个全球化萌芽状态下的群雄并起时期已然显现，而英法两国在其中处于领先地位。

在列强们以战争手段塑造全球化格局之时，中国爆发内乱，显然是对己极为不利的。太平天国最终失败，与其说清政府渡过了一场统治危机，不如说中华民族渡过了一场濒临分裂的危机。

从文化角度看，太平天国打着基督教旗号发动农民战争，建立政权，席卷大半个中国，说明基于中华传统文化建立的封建王权制度已不牢固，人们对外来文明力量寄予较大希望。可以说，这也是一种文化迷茫现象。

当然，在此期间，涌现出曾国藩、李鸿章等平定内乱的能臣干吏，从另一方面印证了中华民族文化中具有强大的基因来维护传统秩序。

从第二次鸦片战争开始，中华民族的处境由以前的“内乱招致外患”进入“外患引起内乱”阶段。清政府面临两种选择：要么和外国侵略者妥协，集中精力平定内乱；要么安抚内部，一致对外。这两种选择都不是最佳的，只能两害相较取其轻。

当太平天国和捻军运动达到顶峰时，清王朝已处于生死边缘。对清政府来说，由于英、法、俄只是索取市场利益，不是让清政府倒台，所以不算存亡之患，只是荣辱之失；而太平天国和捻子军却是要颠覆清廷的，是生死存亡之争。于是，清政府选择对外妥协退让，对内平定镇压。然而，对外越妥协越难以平定内乱、越难平定内乱越需要对外妥协，形成了恶性循环。

西方列强掐准了清政府的脉：利用内乱压迫清政府，清政府会让步；帮助清政府镇压内乱，清政府也会让步。

第二次鸦片战争是近代中华民族在世界位势上的分水岭，中华民族从此陷入任人宰割的局面。

清王朝上下在强大外压下，与外界沟通的意识增强了，大家希望找到一种和西方列强和平相处的模式，以维护王权稳定和持续发展。

但西方列强谋求的并不是“和平共处”这么简单：英法希望中国保持内部政局稳定，但在国际政治中维持弱小落后地位，这样，对列强开拓中国市场、输入更多商品和资本有利。而那时的俄国，不仅要求开拓中国市场，还要索取领土。

中华民族是一个统序发展的民族，而一旦缺失了共同利益、共同理想黏合凝力，就会一盘散沙。第二次鸦片战争时期，民族不团结、共同价值观缺失的问题十分突出。

从元朝开始，北方民族成为中国统治集团的主角，为有效处理族群矛盾，首都设于华北平原的北京。这导致权力中心位于北方，而支撑整个中华民族生存和发展的经济重心却在富庶的南方。在通信和交通条件极为落后的当年，如果政治中心对经济中心的控制力薄弱，则意味着整个国家时刻处于松散状态，面临动荡或分裂风险。如果经济中心失守，则意味着整个国家的向心力受损、中央政权的运转受到严重威胁。而如果政治中心失控，对南方经济中心失去号召力，政治威信跌落，则只能屈辱投降。

在第二次鸦片战争中，无论统治阶层还是社会精英，都呈现一种普遍性的迷茫，即不知道什么是真正的尊严，什么是真正的物质利益，找不到利益“定盘星”。他们认为，在战场上打败了是丧失尊严，割地赔款是丧失尊严，开放通商口岸也是丧失尊严，向西方学习还是丧失尊严。尽管可以笼统地说，弱者不可能有尊严；但不加区分地、生硬地理解尊严，也使自己的行动受到束缚，找不到、找不准突破困境的缝隙和路径。

康熙年间，发生了吴三桂叛乱，长江以南大部分地区被占领，震动朝野；太平天国索性在南方重镇南京“定都”，形成的政治冲击更加猛烈。第一次鸦片战争时，英国拿到的仅仅是城下之盟；第二次鸦片战争时，外国军队直接侵入首都，可谓奇耻大辱。

在中国历史上，首都被攻占意味着王朝覆灭。清政府此时猛然醒悟了：必须革新自强，否则，不可能真正消弭外患、平定内乱。

第二次鸦片战争给中国人民带来更加深重的灾难，但无论朝廷还是百姓，都坚持维护大一统的国家体系。在极其困难的情况下，中华民族这种决心和意志，显得更为宝贵。

从漫长的历史来看，中华民族时而面对外患，时而面对内乱。当然，外患和内乱也是相辅相成的。封建王权制度是人类社会普遍存在的一种国家治理模式，历史地看，这种制度有很多弊端，必将被更新的社会制度所取代。但我们也要认识到，无论任何时候，即使在封建王权制度下，制度稳定、社会稳定都是有利于民族生存和发展的，而不稳定的制度、不稳定的社会意味着动荡和灾难。面对内忧外患，统筹考虑，努力实现制度的多方面平衡，才是中国精英们应该做的。

“夹生饭”改革

尽得西洋之长技为中国之长技。

——魏源

第二次鸦片战争是中华民族的历史性耻辱。正是由于有过伟大辉煌的历史，这种耻辱感才更加强烈。

第二次鸦片战争时，历史上所有的文明古国都解体、消失了，唯有中国历经战乱和动荡而生存下来。不得不说，这是中华民族强大的生存意志和强大的文明力量在支撑着。

第二次鸦片战争不仅是商业利益争夺和军事冲突，还是文明冲突，是民族力量的比拼。从历史走向来看，地中海文明、多瑙河文明、古希腊文明、爱琴海文明等西方古老文明已经衰落；印度河文明、美索不达米亚文明等东方古老文明，从19世纪开始，要么被强势殖民者践踏，要么在战乱中分裂成碎片。古老的犹太文明，在2000多年流离失所中算是得以保存，但只能“易地搬迁”，其祖先兴起之地已经满目疮痍。只有中华民族和她的文明栖息地得以完整赓续。

第二次鸦片战争后，面对列强肆虐抢掠，中华民族知耻而后勇，开始研究并学习借鉴外部先进的科学技术和经济社会管理经验。这就产生了“洋务运动”。这是一个新的历史起点，开启了自主图强之路。但这条路却走得很曲折。

如果认为洋务运动仅仅是引进技术和管理、模仿西方兴办企业和学校，无疑是片面的。洋务运动以学习先进技术为起点，但很快就进入学习先进政治制度、社会制度以及文化习俗等方面，形成了全面向西方学习的社会风潮。洋务运动和后来的戊戌变法、宪政改革，都是效仿西方治理模式，并相互连接的过程。然而，事实证明，如果一个国家和民族，对本国、本民族的文明传统采取虚无主义态度，是很难真正从外界学到真功夫的，也很难将外部经验、模式化为自己的竞争力。

洋务运动给清政府带来了好处，首先是中国市场成为世界大市场的重要组成部分——虽然当时的世界大市场只是初步连接起来的，还没有像今天这样覆盖到所有国家。对英法等西欧国家而言，中国是一个大市场、重要的利润来源地。对清朝政府来说，洋务运动促进了中国社会财富增长，清政府借此增加了财政收入，提高了国际影响力，也增加了经济社会稳定性。其次是促使中国人思想观念和行为方式发生巨大改变，进而推动了社会制度一定程度的变革。

笔者认为，所有的社会动荡，首先改变的是人，而不是制度；而人的思想观念和行为方式在多大程度上发生改变，则取决于当时的制度基础。近代涌现出的一批经世致用、勇于担当的精英人物，虽然每个人都有其历史局限性，但不能否认的是，他们共同构成了民族危局中的中坚力量。洋务运动培养了一批具有世界眼光和现代意识的人，比如曾国藩、李鸿章、盛宣怀、胡雪岩、胡林翼、张之洞、左宗棠等。他们的历史地位，与其说是在镇压太平天国过程中树立的，不如说是在洋务运动中树立的。他们推动近代企业制度在中国落地生根，推动了中国早期资本主义生产方式和组织方式发展，在相当程度上发展了民族工业。

洋务运动给清政府带来的另一层好处，是形成了更加开放的对外交往心态，形成了初步的现代外交理念。当时，在洋务精英们推动下，成立专门的外交机构（总理各国事务衙门），中国朝野可以更清楚地观察了解外部世界、更好地与外界打交道。

按照清王朝的思维逻辑，外国人进京意味着国家灭亡，但实际上，外国人进京并没有导致亡国，反而促进了市场开放和对外关系的重构。就是说，虽然官民中的精英们尚未弄清楚这种机遇为什么会到来，但他们已经迈过了一道向世界开放的门槛。

从洋务运动开始，中国进入长达 30 余年的同治中兴时期。在这一时期，中国经济以较快的速度增长，外部安全威胁总体上降温，形势比较稳定。此时，清王朝朝野上下对学习外部先进技术和管理经验又有所懈怠。

清朝统治者尽管有强烈的改革意愿，但其局限性也是必然存在的。这预示其不可能有全盘性、前瞻性的规划，本质上只是"见漏堵漏"。洋务运动局限于对顶层的政治、经济和军事方面实施改良，所以，利益格局和思想理念变化主要停留在官僚体系内部，并没有延伸至普通民众层面，没有社会全局意义。这是因为，运动的发起人均局限于上层官僚，"实为晚清士大夫依其经世致用理念重建理想秩序之自然产物。"（姚中秋：《可大可久：中国政治文明史》）

任何一场全局性的改革都不会凭空产生，而是要有与之相匹配的经济社会基础。当时，中国尚未形成一定数量规模的私人企业、一定数量规模的产业工人，因此，学习西方工业时代的经济社会管理模式，是欠一些火候的，改革只能是“夹生饭”式的。如果那时的中国具备一定数量规模的私人企业、一定数量规模的产业工人，那么，经济社会制度和文化层面的变革将会更普遍、更深刻。鉴于中国长期延续重农抑商的政治经济制度，难以形成庞大的私营工商力量，注定了洋务运动只能是官方的独角戏。

毋庸置疑，王朝权力体系中长期存在的腐败和低效弊病，也是洋务运动“夹生饭”的重要原因。没有思想文化的大变革，没有顶层的大改革，洋务运动只能是增加一些新元素，旧元素基本盘依然起主导作用的运动，而不可能成为一场改变历史的运动。

洋务运动揭开了中国“机器时代”的序幕，催生了一批军工企业和民用企业，促进了民族资本主义初步发展。其后，中国保持了30年左右的增长期。同时，也要看到，这一成绩是基于当时中国国力的基本盘，再加上外国资本的介入形成的，洋务运动尚未唤起全社会的巨大创造力，也未全面引发生产关系大变革、生产力大爆发。

洋务运动的整个走势说明，无论上层提出看似多么有力的改革举措，如果没有大规模的工商业企业基础、没有广大劳工阶层的参与，最大化地激发生产动能、促进生产关系变革，是不可能成功的。当然，洋务运动证明了中华民族具有强大的学习能力，只是这种学习能力没有在更广大民众的层面激发出来。

第二次鸦片战争还使清政府意识到，西方列强向中国输入资本，在其实现霸权的同时，也增加了对中国市场的依赖。可以说，列强谋求商业层面的利益，客观上缓解了中国的外交压力。市场可以作为润滑双边关系的一种工具和途径——列强在中国市场争夺利益，反而可以在一定程度上提升中国的国际地位。这意味着，经济思维的转变可以撬动政治思维的转变，清政府经略与西方列强的关系，必然引发某种政治上的突破。

凌辱四处来

以海噬之波涛未息，山陬之游徼纷来。

——《筹办夷务始末》(同治朝)

两次鸦片战争说明，一个民族若忽略外部世界与本土的互动关系，在特定时间点就必然遭受苦难。丛林法则是客观存在的，同时它又是残酷的。

中华民族长期处在东亚的中心位置，走过艰苦卓绝的奋斗路，写下光辉灿烂的发展史，孕育传承了博大精深、历久弥坚的中华文明。中华文明中的天下为公、民为邦本、为政以德、革故鼎新、任人唯贤、天人合一、自强不息、厚德载物、讲信修睦、亲仁善邻等理念，是历经历史洗礼沉淀形成的，是先进的。不过，先进理念只有与先进生产力和生产关系相互匹配起来，才能形成正效应，发挥引领世界发展的作用。

清朝中叶以后中国的局面，恰是中华“天下文化”遭遇西方列强“丛林法则”冲撞的写照。那时的清廷精英们普遍封闭僵化，不了解、也不想了解世界大变局，将以往的王朝治理经验运用于资本主义列强崛起后的国际斗争中。在与外界打交道时，即使受到冲击、本能地做出反省，但仍会遵循既有的“天下观”来看待这个世界。

丛林法则的核心要义是“弱肉强食”。如果你不是强者，就要考虑如何成为强者，以及如何在强者面前趋利避害。洋务运动催生了一批民族企业，加速了商业力量发展，在一定程度上促进了生产力和生产关系进步，部分地改变了中国经济社会生态，加快了中国市场的发展。那时，如果中国陷入混乱，或被某一个列强国家所控制，则其作为新兴市场的地位就会受到损害。所以，列强们倾向于维护清政府表面上的统治地位，同时分享中国市场机会。从全球经济角度来看，清朝统治下的中国成为全球新兴市场的重要组成部分。从全球政治角度来看，清朝统治下的中国市场成为列强在全球范围竞争的平衡器和缓冲器——列强在争夺中国市场利益的过程中，有进有退，相互调节矛盾。

虽然清朝统治下的中国是一个弱者，但基于人口规模、资源条件和市场潜力等因素，其经济、政治、社会等各领域都已参与到世界体系当中，并成为世界体系中的重要部分。

一个新的时代开启了。庞大的人口基数、广阔的地域范围、初步发展的市场，叠加深重的国家危机感，促使中国开始规划和实施地缘政治战略。“海防与塞防争论”由此而出。中华民族第一次作为一个整体，开始探讨基于海陆双重因素的地缘政治战略。无论是海防论者，还是塞防和海防并重论者，都是以中国海陆双重地缘政治环境为基础的。从实践来看，似乎后者是胜利者。不过，如果没有海权，没有海上安全环境，东南省份经济凋零，左宗棠收复新疆的军饷又从何而来呢？

中华民族具有明显的海陆双重属性，因为中国既拥有漫长的海岸线，又拥有庞大的陆上领土。无论海权还是陆权发生危险，都会产生连锁反应。如果海上强权从海路威胁中国，甚至由海向陆直捣中国腹地，同时，陆上强权从后背插上一刀，可想而知，中华民族将会遭受多大的灾难。弱小的清朝被当时的陆上强权——俄国，海上强权——英法夹在中间，腹背受敌，正是“弱肉强食”丛林法则的残酷所在。

清朝的命运不仅取决于内乱的级别，还取决于如何处理与陆权和海权的关系。多次受侮足以表明，“海权关系到国家的贫富强弱和国际地位高下，不缔造海权，陆权也会随之丧失”（展华云：《海防与塞防战略研究》）。

利用国际矛盾是每一个国家的天然反应。洋务运动暂时给清朝带来一个有利局面：洋务运动使清朝和英法、俄国之间的共同利益日益增大，后者没有必要制造新的危机。而且，英法与俄国存在矛盾，一方与中国发生冲突，必定被另一方所利用，所以，三者不可能同时给清朝制造危机。清朝处于险恶的地缘政治环境中，必须利用有关矛盾，最大限度减少对自己的伤害。当然，利用矛盾并不是简单地站一边而反对另一边，而是利用不同的问题促使它们互相争斗，提高自己在两边的地位，本质上是“两害相权取其轻，两利相权取其重”。

英法要的是市场利益，是对经济命脉的控制，而俄国要的不仅是市场利益，还要索取领土。清朝处理与俄国这个邻国的关系，显然更具复杂性。洋务运动中，清朝向英法学习得更多；从一定意义上说，通过这种学习增强自身实力，有助于维护自身安全。所以，在清朝与英法之间发展共同利益时，可以利用英法和俄国之间的矛盾，降低来自俄国的压力。收复新疆，就是成功利用这一矛盾的结果。

当时，俄国不断向四周扩张，很快冲击中国北部安全。在拿破仑战争之后，英俄矛盾成为欧洲的主要矛盾。俄国入侵中国新疆地区，既是对中国的掠夺，也是与英国争夺中亚的地缘优势，形成双边冲突与国际区域利益争夺的复杂局面。于是，新疆成为英俄矛盾的焦点之一。

当南疆出现所谓的“阿古柏政权”后，英国和俄国均极力拉拢。“阿古柏政权”刚刚立足，也需要英国和俄国中至少一方的支持。因为英国给予“阿古柏政权”的支持比俄国多，阿古柏开始依附于英国，从而引发俄国不满。当“阿古柏政权”意图占领新疆全境时，俄国为了抵制英国势力扩张，出兵占领了新疆伊犁。于是，英国和俄国的关系紧张起来。此时，如果英国与清朝政府合作，可以迫使俄国退出新疆；如果俄国与清朝政府合作，就可以迫使英国退出新疆。如果清政府无所作为，那么新疆很可能分裂出去，并被英俄瓜分。新疆是中国广大内陆地区与中亚地区的重要安全屏障，如果被分割出去，不仅严重损害国家安全利益，而且极大增加民族耻辱，后果不堪设想。

为了充分利用英俄矛盾，清政府决定先南后北。因为，南部阿古柏军队的陆战能力远逊于俄国陆军，攻打阿古柏可以获得军事和政治优势。如果先攻打北疆，势必与具有更强陆战能力的俄军交战；而在此过程中，南疆问题会持续恶化。而以较快速度拿下首选之敌，可以形成战略优势；如果战争长期化，就需要大量物资补给，消耗国力，这相当于给敌人送礼。所以，左宗棠决定先打败阿古柏，再利用英俄矛盾迫使俄国交还伊犁。历史证明，这样的战略决策是正确的。

收复新疆不仅是清政府少有的军事与外交的全面胜利，而且是清政府第一次利用地缘政治矛盾和大国矛盾的成功之作。当然，高级将领的卓越才干、洋务运动积累的物质财富，是清政府收复新疆的人才基础和物质基础。

清政府收复新疆，奠定了此后中华民族长期坚持的海陆双修的地缘政治战略基础。从那时起至今，中国无论哪个政权主体，都遵循海陆双修的地缘政治战略。试想，如果新疆不能保全，整个中华民族赖以生存繁衍的广阔腹地的战略安全将大幅降低，将直接威胁中华民族的发展基础。

中法战争

惟无论遇有何事，法兵永不得过北圻与中国边界，法国并约明必不自侵此界，且保他人必不犯之。

——《中法新约》第一款

世界上任何一个区域，如果力量中心发生变化，必然导致秩序调整。中华民族从鸦片战争时期走向衰落，标志着“东亚封贡体系”开始崩塌。

两次鸦片战争足以说明，由于清朝统治下的中国是东亚的中心，清朝保持封闭则东亚封闭；清朝坚持开放则东亚开放。对英法而言，如果清朝继续保持在东亚封贡体系中的中心地位，纵使在军事上打败中国，在经济上成功控制中国，也无法扩大自身在东亚的影响力。“中法战争”爆发便是佐证。

1871 年，法国在“普法战争”中战败，新政府上台后急需补上战败损失，于是把目光瞄向了东亚这块饱受列强欺凌的土地。但是，法国的经济实力、政治影响力和地缘政治条件都不如英国和俄国，所以，它决定在中国的外围拓展殖民地。越南便成为其下手的目标之一。要开拓越南殖民地，必须先取消中国对越南的宗主国地位，削弱中国对越南的影响力。于是，法国入侵越南，并要求越南政府与中国脱离藩属关系。对清朝而言，保留封贡体系下的“藩属国”是仅存的一点尊严。法国此举自然引起清朝的愤怒。如果没有洋务运动，清政府没有借此积累可观的财政收入，也许中法战争就不会爆发。如果没有成功收复新疆，清朝的信心没有受到鼓舞，也可能选择向法国妥协。但是，这两个“如果”都不存在。而且，普法战争后的法国，本来就已威信扫地。以上这些因素，促使清朝对法采取强硬立场。

洋务运动提升了清军的武器装备水平，加上将领的勇敢气质和出色指挥，清军在此战中确实打了几场漂亮仗。但大部分史学家却认为，清政府在军事上赢了，在政治上却输了，理由是：清军打了胜仗，却主动撤军，并签署《中法新约》。对这样的观点，笔者不赞同。如果中国输给法国，就会导致国际格局中有利于清朝的因素逐渐消退。如果中国在战场上打败了法国，同时在政治上对法国不依不饶，则可能引发西方国家抱团欺负清朝，导致虽胜尤败。这样，清朝就不可能利用列强之间的矛盾为自己的战略目标服务。对清政府而言，洋务运动的自强目标尚未达成，必须争取时间和空间继续推进自强。所以，最好的选择是见好就收。

值得称赞的是，清政府在中法战争中摆脱了鸦片战争期间僵化的外交思维，而开始运用现代外交方式维护自身权益，实现边境地区稳定。清政府开始改变原有的封建王朝的藩属观念，形成了新型的国家观念，即确定了国家主权的性质和范畴，明确了与附属国家的关系，并开始用国际法来维护自身权益。中法战争是中华民族走向近代国家形态的一个节点。

清政府在中法战争中首次运用国际法进行斗争，标志着清朝从以往被迫打开市场转变为在心理和法律两个层面接受并参与国际规则。当然，当时所谓的国际法不过是西方列强为自己服务的工具而已。国际法所强调的平等，是建立在国家实力对等和强国战略所需的基础上的，如果把国际法当作保护神无疑是迂腐之举。受尽了屈辱和经历了诸多国际斗争的清朝统治者和官僚们不会不清楚这个道理。

制定法律的人利用法律的漏洞为自己谋取私利，在国际斗争中屡见不鲜。但是，清朝政府运用国际法维护自身利益，仍然值得肯定。清朝政府基于在越南和台湾取得的有限军事胜利，主动利用国际法争取到一定的国际舆论优势，最终使法国方面陷入被动。

中法战争还给清朝社会带来另一个重大变化：朝野舆论开始成为影响最高决策的重要因素。中法战争中，清朝内部发生了主战派和主和派的激烈争论，最终，清政府最高决策者决心付诸战争。国家最高决策者在制定重大对外政策时听取大臣甚至民间意见，从政治角度来看，这标志着国家权力运行、决策机制发生了重大变化。

需要指出的是，当时的朝野舆论也有偏离理性的成分。由于主战派占据上风，朝野上下几近形成了“清朝完全有可能挽回鸦片战争之后颓势”的舆论氛围。即便如此，最高决策者听取和吸收大臣和民间意见，并积极采纳，是历史性的进步。

中法战争后，清朝部分放弃了对越南的宗主权，法国加强了对东南亚地区的渗透，动摇了中国的藩属体系。以前的藩属国拥有了独立地位，甚至可以和宗主国平起平坐，清政府能适应这种变局吗？结论是，不适应也得适应。清政府放弃部分宗主权是务实的选择——如果一味坚持完整的宗主权，不仅可能导致法国和西方列强对中国进一步联合打压，而且可能丧失藩属；而这些藩属可能成为中国的边境之患。这些担心后来成了现实。

中法战争激发和释放出清朝的战斗潜力，这一点十分宝贵。清朝虽然不具备强大的外攻能力，但内防力量绰绰有余。中法战争后，法国没有获得在中国西南部分地区的主导地位，在欧洲列强面前丢尽了脸面。所以，中法战争总体上维护了清朝的主权，减缓了清朝与英法俄博弈中日益丧失主权的趋势。

中法战争使清朝认识到，最大的灾难不是封贡体系的崩塌，而是西方列强团结起来瓜分中国。不仅如此，中法战争还是“对清朝洋务运动及洋务派所倡导的近代技术变革的一次集中检验，也从外部促使中国封建政局和内部改革发生重要变化。”（张晓玮:《近代反侵略战争》）但是，清政府通过战胜相对强大的法国，进一步强化了“只要学习科学技术、不学习西方制度与文化就可以对抗西方”的认识，重新燃起了封建制度自信。这是错误的。应当明白这样一点：在当时，只要中国的制度和文化不改变，西方列强对中国的角色定位就不会改变。

中法战争后，东亚地区的秩序开始全面重构，不稳定性有所增强。在朝贡体系崩塌后，以何种方式重建东亚地区稳定结构，是一个必然要面对的课题。

中法战争是清朝国力增强导致其战略塑造能力提升的表现，也是全球战略格局演变的一个结果。普法战争使德国统一，而统一后的德国改变了欧洲，也改变了世界。中法战争使法国更加孤立，国际影响力再也无法达到拿破仑时期。如此，英法矛盾反而大大降低了。而英俄矛盾继续发酵，德国战略取向在其中发挥着重大作用。

“老师”被“学生”痛打

迅速取得对清国的巨大胜利，居于任何时候均可对敌国提出我国要求的地位。

——日本首相伊藤博文致天皇书

一个弱者在强者当中左支右绌、应接不暇，自然会引来更多的威胁。中法战争后，清朝政府虽然运用现代外交思维稳定了西南地区局势，但并未扭转在区域战略中的弱势。这自然会刺激其他国家的野心。刚刚发展起来却资源稀缺的近邻日本，便对地大物博的中国产生了觊觎之心。虽然中法战争后，清朝成立的北洋水师对日本具有一定的震慑作用，但未能阻挡日本对台湾和朝鲜的野心，东亚封贡体系面临更大的危机。

在弱肉强食的丛林世界里，弱者的任何妥协退让，都可能招致新的危机。对国家治理衰弱但幅员辽阔、发展潜力巨大的中国来说，更是如此。

清朝与日本几乎在同一时点开始谋求大变革大发展，但两国的情况不同：中国物阜民丰，市场巨大，可以利用西方的先进技术和管理经验实现自强；而日本人多地少，资源匮乏，市场空间有限，眼睛向外成为必然。这种“眼睛向外”既可以用和平方式，也可以用非和平的方式。

清朝和日本几乎同时开始向西方学习，但两国的走向却存在显著差别：日本从一开始就试图通过维新转变为类似西方的国家——无论从衣着服饰等生活方式上，还是从国家制度体系上都效仿西方国家；甚至鼓励本国人与西方人通婚，以改变自然基因。日本不但引进了西方的技术和制度，也效仿西方列强对外掠夺。一方面，日本构建起更加积极的改革战略，促进了社会全面转型和与西方国家接轨；另一方面，日本资源短缺的焦虑感、危机感，加上引进西方列强的掠夺意识和掠夺手段，其改革从一开始就植入了侵略因素。

清朝人希望通过变革跟上国际潮流，但不愿意丢弃祖宗之法，而是极力在继承传统和学习西方之间取得平衡，主张"中学为体、西学为用"。所以，中国把学习引进的重点放在技术和知识领域，没有引进西方的制度体系。

出现这些差异，主要基于以下因素：

首先，清朝是多民族统一的大一统国家，尤其需要政治体制和文化意识的总体稳定。为了保持各民族和谐相处，巩固封建政权，不可主动发起激烈的社会变革，而是采取渐进式改革方式。而传统政治模式和文化传统是重要稳定器。其次，日本民族结构单一，当时的权力顶层极力支持变法，其发动全面激烈变革的条件较好。日本不具备清朝那样的财力、物力、人力，但拥有强于清朝的变革意志。

中日两国还有一个显著的国情差异，即王权模式和王权文化不同：中国实行大一统体制，并且经历了一轮轮王朝更迭。人们对中央王朝的认同，均是基于结束内战和促进社会稳定的诉求。中国人虽然尊崇皇室王权，但没有形成宗教性质的皇权崇拜。日本则不同，其经战国之乱走向大一统后，没有出现过王朝更迭，国内斗争更多的是中央王朝与地方藩主之间的博弈，皇室内部争斗不为普通百姓所知。当天皇削藩成功、集中权力后，日本人无论是从权力层面还是从精神层面，都对天皇倍加景仰，形成了宗教性质的皇权崇拜。

这样的国情差异，导致了中国想走变革道路，难以在短期内达成举国一致。清朝权力体系的顶端，既有主张变法的，也有反对变法的；主张变法者又有不同的主张。派系林立使得变法成为权力博弈的工具，而不是国家转型的桥梁。反观日本，权力顶层一致赞同变法，对变法的重点、步骤、内容等没有很大的争议。变法成为日本民族转型和国家走向强大的根本举措。

进一步分析可以发现，日本的民族自尊心和历史包袱都没有中国那样沉重，比中国善于变通。中国固守自认为好的制度和文化，日本却决心颠覆性地改造自己。可以说，日本人的民族凝聚力和对先进文化的渴望，驱动了明治维新这项巨大工程。明治维新不仅大幅提升了日本的国力，也催生了其扩张的野心。

从地理位置和文化连接度来看，中日两国本应当相处得比较和谐。相对于与域外国家打交道，两国应当更容易取得共识。然而，中日两国冲突的种子在甲午战争前就已经埋下了，只是在甲午战争中集中爆发出来，一发而不可收。清朝和日本因不同的历史基础、文化基础以及顶层权力结构选择了不同的发展道路。在那个弱肉强食、人人自危的丛林竞争时代，清朝和日本为了各自的权力和利益，注定会发生激烈冲突。

中国封建王朝早已习惯了居于东亚中心、物阜民丰、万邦来朝的大国优越感，甚至滋生了对邻国的轻蔑心态。统治集团往往忽略外部力量的崛起，认为可以轻易应对外部力量的侵扰，而把绝大部分注意力集中在解决内部矛盾上。在这种心态下，清朝不可能下很大力气谋划应对来自日本的冲击，于是，面对骤然升级的中日冲突，清朝应接不暇，付出了惨重代价。

日本民族有一个突出特点：敬畏强邻而鄙夷弱邻。日本在中华民族兴盛强大时，保持向中国学习致敬的姿态，并把自己看作东亚文明板块的一分子；在中华民族孱弱衰落时，则报以失望加轻蔑的心态，甚至欲取而代之。明治维新时期的日本精英们，正是以这种心态注视着中国。日本的主战派认为，清朝已经衰落腐朽，以战胜之，才能实现新的平衡。而清朝的精英们仍停留在所谓“蕞尔小邦”的认知上，没有看清楚日本精英心态上的变化。

当日本亮明战略意图，提出与清朝平起平坐时，习惯了当日本老师的中国怎么可能接受？双方争夺主导权，升级敌对行为是大势所趋。

自从近代以来，日本国家治理逐步走向现代资本主义模式，但其治理形成的综合效能尚未充分彰显出来，因此，日本试图强化对中国的现实威胁，但未能让中国心服口服。

日本从明治维新时期就想脱亚入欧，结果是，既不被欧美所完全接受，又难以与中国走近。这注定了日本从转型之日起便处于相对孤立的境地，因而有一种政治孤独心态。

在欧洲，德国实现了统一，开始推动对外扩张，同属欧洲的英、法、俄列强受到牵制。这促使清朝统治下的中国与欧洲列强的关系趋于稳定，但中日关系进入了重塑期。

那时，中国东部和南部受到英、法威胁，西部和北部遭遇俄国的重压，清朝政府不希望再增加一个新对手，于是对日本的挑鲜采取了相对温和的策略。日本趁清朝政府忙于中法战事，染指台湾和朝鲜，引起清政府愤怒。但是清政府也认为，最好将日本塑造为中国制衡西方列强的帮手；如果日本成不了自己的帮手，也可以作为缓冲中国与西方矛盾的力量；实在不行，也要争取日本在中国与西方之间扮演平衡者角色，而不能让日本完全倒向西方。清政府这种想法是对的，也是最优的。

但清政府犯了根本性的错误，即它没有认清日本的真正意图。日本的想法是，加入西方强国的俱乐部，将中国“吞下”。

清政府为了实现对日友好，一方面给予少许物质承诺“哄着”日本，一方面试图用北洋舰队震慑日本。这样的做法反而激起了日本更强烈的占有欲，即从中国夺取其所需要的能源、金钱、土地和市场。

当然，清政府即使想以强硬姿态和压制措施对待日本，也不具备内外条件。清政府同时应对英法俄已经非常吃力，哪有精力和资源应付一个新增加的对手呢？而且，西方列强作为中国市场的既得利益者，根本不希望中国形成对日优势。他们知道，如果中国在东亚获得了强势地位，很可能向西方叫板，逆转东西方对弈的局势。而中日之间形成新的平衡，对它们最有利。所以，随着日本实力上升，有条件对中国采取强硬政策，再加上西方的支持，中日相互制约的格局形成了。

但“一战”和“二战”的历史证明，此时西方列强“扶日抑中”，也为自己培养了一个新的对手甚至敌人，而不是一个帮手。

清政府对日一再妥协，导致日本欲壑难填。日本用全盘西化改革赢得了西方列强的好感，免受西方的政治和军事打压，从而有条件从中国身上争夺更多利益。清政府对日本的一些挑衅，只能低烈度抵制，不敢大动干戈，甚至为息事宁人而让步。

清政府的最大错误，就是没有利用洋务运动所形成与西方的共同利益，来提升自己在东亚的地位，反而因政策上的差错促使西方偏向于日本。清政府只注重洋务运动带来的社会财富积累和科学技术进步，与西方的关系只是利益交换关系，没有、当然也不可能与西方形成心理认同和政治协同。当西方有利可图时，便赞美清政府；当清政府违背其利益时，便迎来刀兵相向；而当清政府需要帮忙时，西方列强便狮子大开口。

中国与西方列强之所以构成这种关系模式，固然与列强的侵略本性直接相关，但也说明清政府自身的战略思维存在严重局限，没有跟上时代的脚步，即僵化地处理与西方的关系，认为对方靠枪炮索取利益是恶的，靠产业和技术优势开展正常贸易也是恶的。这种一元化的思维方式导致清政府在当时的国际环境中处于孤立地位，而不能做到顺势而为。当时较为明智的外交家、政治家如李鸿章、张之洞、爱新觉罗·奕䜣等人，提出“以夷制夷”，从他们自身来讲是“上选”，但以西方列强的视角看，无非是低端的实用主义。

历史是冷酷的，凡是偏差，终将得到校正。清朝的这种误判只有靠事实来校正。

清朝统治下的中国和日本之间，如果有一方承认自己不是对方的对手，就可以维持相对和平的局面。但情况恰恰是，中国和日本都认为自己可以战胜对手。中国视日本为蕞尔小邦，日本视中国外强中干。双方都有用激烈冲突方式调整关系的愿望。

甲午战争是从海上爆发的，双方都指责对方首先开火。其实，哪一方先开火已经没有意义。当时，双方的敌意是对等的，但各自对战争的准备是不对等的。

无论从过程来看，还是从结局来看，日本都准备得比较充分。日本堪称众人一心，举国上下都弥漫着与中国决一死战的气息。日本制定了一整套清晰的战略规划，对于战斗步骤、重要战场、开战后的军事外交配合等问题都做了细致研究和布局。中国则不然，在权力顶层就存在分歧。主管前线作战和负责外交事务的北洋大臣，受到权力中心的一系列掣肘。在战争过程中，走一步看一步，不能及时应变，处于被动状态。

从某种意义上看，甲午战争只是两个弱国之争。但这场战争的地缘效应却超出了两个国家所能考虑的范围，波及朝鲜半岛、台湾岛、中国东北、琉球群岛。

西方列强看着东亚两个弱国大战，当然想待价而沽，收渔翁之利。但令列强们颇感意外的是，两个弱者的战争竟然引发了那么广泛而复杂的地缘利益调整。他们甚至对此感到茫然。更加令西方列强咋舌的是，战胜国日本提出的一系列极为苛刻的条件，居然被清政府接受了。即使在有着世仇的法德之间，胜方也没有提出如此苛刻与残酷的割地赔款要求。

甲午战争之于亚洲，正如普法战争之于欧洲，令地缘政治中心发生陡然变化。日本一跃成为区域内第一强国，可以与西方列强比肩为伍，而中国则沦为日本欺凌的对象。

于是，西方列强开始考虑如何与新列强日本处理关系。他们担心清政府与日本妥协，让日本独享中国利益，而伤害自己的在华利益。

于是，他们对日本施压。法国、俄国、德国联手要求日本归还其占领的辽东半岛。日本最终答应了这个要求。但这并不是中国的胜利，而是日本迫于西方列强“平等”瓜分中国利益的要求，做出的妥协。就是说，三国干预还辽，是新老列强之间相互摸底过程的一个插曲。

甲午战争令中华民族跌入历史的低谷，对中华民族的危害是全面的、深重的。而最大的危害并不是赔款割地，而是丧失了长期拥有的地区强势地位，连最后的一点自信与自尊都丧失了。在甲午战争之前，中国虽然弱于西方列强，但在东亚仍是王者；而被千年来的弱者、自己的学生击败后，那种刻骨铭心的痛苦不言而喻。这促使清政府思考：除了技术不如人，还有哪些方面不如人？应当如何挽救这种全面危机？

从“单一改革”到“组合改革”

苟扼要而谈，不外于学术则黜伪而崇真，于刑政则屈私以为公而已。

——严复

甲午战争打醒了清朝朝野精英，也打醒了主政者。光绪皇帝决心在制度和文化层面上进行变法。但当时的最高当权者不是光绪皇帝，而是慈禧太后。这种权力结构决定了，变法从一开始便存在着诸多变数。

朝廷决定变法是基于一个不争的事实：战败的耻辱源于国家制度落后，制度落后导致了教育、经济、军事等全方面落后。清政府统治下的中国开启了新一轮学习西方先进技术和思想的高潮，并且打破禁区，开始讨论制度革新。

“戊戌变法”一经开启，便引起全球瞩目：各国都要看看这个孱弱的国度将如何改变自己。在改革设计者的蓝图中，清朝的教育、经济和科技等方面都要从制度上加以改变，效法英法等西方国家的做法。不仅是模式和规则、程序等的改变，而且要从内心、从理念上改变。自然，这得到了英法列强心理上的认同。

如果戊戌变法顺利推进下去，中国是否会得到更大的国际认同，不得而知。但可以确认的是，若清朝通过变法而走向强大，最大的不悦者无疑是日本和俄罗斯。而如果因变法导致动荡，它们将是最大的受益者。与俄日试图鲸吞中国土地不同，英法属于商业物质主义者，只希望扩大贸易特权和势力范围。这就决定了俄日英法对清朝变法的不同态度。

变法的车轮往前转动了两下，又倒了回来。最终，戊戌变法失败了。清朝的国际境遇更加糟糕。

此时，恰逢英德矛盾上升为欧洲的主要矛盾。英俄矛盾化解，英国人用英日同盟制衡德国，法国则倚重英国和俄国抗衡德国。这一局面令中国利用列强矛盾的空间压缩至洋务运动以来的最小值：英俄矛盾冰释，中国就不可能利用英国来抗衡俄国；英日形成同盟，为日本欺压中国增加了筹码。日俄加紧了对中国东北的争夺。此时的清朝，就像一个流落于街头的病弱孤寡，任人摆布。

戊戌变法只经历了100天便宣告失败，诸多举措一夜之间变为废纸，但社会变革思潮并未因变法失败而止步。这是因为，甲午战败引发的强大社会思潮是戊戌变法的基础，而戊戌变法推动变革思潮进一步发酵。背负着沉重包袱的中国封建制度统治者不可能和平地接纳新制度、新思想，但新思想的传播，还是驱动了政治上的一些变革——地方政府拥有了比以往更多的对外事务自主权。放开了地方政府的一些权力，自然释放出与新思潮相呼应的一些政治和经济活力。西方列强利用这一点，更多地与地方政府交往，并达成贸易协议，而减少对清朝中央政府交往的诉求。清政府也只好顺应趋势，先默许、随后鼓励地方政府因地制宜，自主发展对外贸易。这使得中国地方经济焕发出更大的市场活力。

社会文化思潮作用于政治，是中国政治生态发生实质性巨变的一个标志。在戊戌变法之前，所有政治言论皆由朝廷统揽，这也是中国封建社会两千多年来形成的政治文化传统。历代王权，都把地方政府的自主权看作一个敏感问题，以往治乱兴衰，皆因中央与地方权力的分配问题而起。虽然在镇压太平天国和捻军时，清政府曾经鼓励曾国藩等人发展地方武装，但最终还是收回了地方的权力。而在戊戌变法后，中央政府开始给予地方政府一定的自主权。

当然，给予地方政府一定的自主权，也会在政治上诱发一些弊端——当清朝中央政府与西方列强之间发生矛盾时，地方政府则左右为难，名义上要服从中央朝廷，又怕损失利益，不愿意开罪西方列强。这使得清朝一旦遇到危机，很难以举国之力来应对。

中央政府意识到这一点，地方经济贸易繁荣是好事，但西方对中国地方政府的影响力不断增强，甚至借此干涉其权力体系的内部事务，则是坏事。中央政府有理由对此不满。但西方希望中国开放更多市场，不希望中国重回封闭老路。

可以说，戊戌变法虽然失败了，但变法的动力依然存在，进步力量继续与保守落后势力角力。对清政府来说，这是戊戌变法的“后遗症”；对中国长期发展来说，这是社会大变革的前奏。

戊戌变法失败，导致西方列强进一步蔑视清朝，在孤立清朝的同时，它们公然介入中国内政。这直接导致顶层权力体系动荡，撬动了中国的政治根基。

年轻的光绪皇帝提出一系列变法举措，展现出开明形象，受到西方列强认同；变法突然停止，西方列强难以接受。所以，当光绪被软禁、慈禧太后重操朝政后，西方人并不买账。这无疑使清政府与西方之间旧怨未了、又添新怨，日积月累下来，冲突在所难免。

1900年6月20日，一起严重外交事件使矛盾彻底爆发：一名清朝低级军官在北京街头砍杀德国驻华公使克林德，造成连锁反应，最终引发清政府向英国、美国、法国、德国等11个国家同时宣战。当然，宣战的根源不是这起外交事件，而是清政府对西方列强的不满累积到了爆发的节点。

以清朝的国力，同时向11个国家宣战，显然是不理性的。当然，清朝也知道战局发展的方向对自己不利。所以，当列强联军打进北京时，清朝立即与他们展开谈判。

当时，英法等列强在东南地区拥有广泛的商业利益。在京津、山西、陕西等地战火纷飞时，李鸿章、张之洞、刘坤一等重臣管辖下的东南各省却与西方人“和平”地谈着生意。这种场面看上去讽刺了些，但却是没落的清朝统治与新兴的本土资本主义经济相互映照的现实。从实用主义角度说，东南省份也为清制度留出了一条在战争中与西方列强沟通的渠道。

清政府与西方列强开战，不是基于实力做出的理性决策。这反映清政府决策者对现代国际交往的无知，并因此一步步滑向被宰割的境地。西方列强入侵中国，目的是不断扩大在华经济和政治利益，并不寻求推翻清政府，而是需要一个附庸式政权和代理人。他们认为，决策混乱的朝廷和官僚体系无法担当代理人，会损害他们的利益。于是，他们以战争相要挟，敲诈清政府的钱财。

所以，《辛丑条约》出现了，列强们除了索取大规模赔款，要求清政府严惩主战派，并没有要求继续推行变法。列强们对中国的索求各不相同，矛盾不可调和，但又不想摊牌；而维持清政府统治现状，不断向其索取金钱，是列强们的最大公约数。

《辛丑条约》规定，外国军队可以进入京津地区，各国在部分大城市享受治外法权，拥有后来被称为“国中之国”的租界。这对清政府的权威形成了空前损害。条约之耻，促使清政府决心进一步变法。这次变法和洋务运动、戊戌变法的目标都不一样：不仅学习技术和科学，而且要改变制度，决心加入主流国际社会。

对于这次变法，朝廷内外达成了空前统一。这种思想上的统一可以说是打出来的，一是清朝所有当权者都意识到，面对强悍的西方列强，当时的中国不堪一击，必须从制度上改变自己；二是列强要求清政府严惩主张宣战的大臣，这些大臣受到极大的灵魂触动，也转而支持变法自强。

鸦片战争后，清朝的两次改革运动均告失败：先是“夹生饭”式的洋务运动，在积弊沉重的中国掀起了局部变革，其带来的改变是积极的，但局限性很大。甲午战争带给清朝一场大败，令国际社会不仅轻视中国的革新能力，并质疑中国是否有改革的真切愿意。随后的戊戌变法，可谓是高举轻放、虎头蛇尾，进一步加剧了国际社会对清朝的蔑视。

西方列强认为，清朝缺乏变革能力是因为骨子里就排斥变革。而经历了战败和两次改革失败，清政府也明白了：没有西方列强认同，内部事务都很难推动转变。因此，此次变法较之前两次决心更大，内容更加深刻和广泛，并且特别重视西方人对变法的看法。

这次“立宪运动”的目标直指朝廷和国体，堪称中华民族历经长期屈辱后的最为强烈和悲愤的制度自救。作为最高当权者的慈禧，也首次公开表态：“取外国之长，乃可去中国之短；惩前事之失，乃可作后事之师。”从这个表态来看，清朝宪政改革的主观动机非常强烈。然而，宪政改革之于中国，并无先例可循，基本途径只能是借鉴外国模式。而且，仅仅确定了宪政改革的基本目标和途径还远远不够，因为有太多的棘手问题需要解决。其中的核心是：向哪个外国学习？怎样学习？怎样汲取前两次变法的教训？这三个问题，很难形成一个明确的答案。

以前是给别人当老师，今天是被别人欺侮后，不得不把别人当老师。这是中国实行王权制度两千多年来，首次从内心深处低下高傲的头颅，向以前曾经蔑视的“蛮夷”学习。这种学习的动力，是建立在屡战屡败后自信心消失殆尽的基础上的。自信心一旦遭到压倒式打击，恢复起来是很难的。直到中华人民共和国成立之后，民族自信才开始逐步恢复。

中国人的自信严重受挫，但没有也不可能消灭中华民族知耻、图强的强大基因，卧薪尝胆、敢于付出生命和鲜血争取民族新生的仁人志士前赴后继。虽然中国沦为一个弱国，但其广袤的国土和丰富的资源、众多的人口和强大的民族韧性，使得任何一个西方列强都不可能完全忽视它仅存的和潜在的分量。

随着新老列强之间矛盾进一步激化，中国的地位也发生了微妙变化。

在美国、德国、日本等新列强崛起之前，英法俄等传统列强各有自己的势力范围，可谓各得其所、互不干扰。尤其是在克里米亚战争之后，列强的平衡格局相对稳定。但美国、德国、日本自恃实力渐丰，急欲获得与英法俄的同等地位，于是，在旧矛盾的基础上，又增添了新的矛盾。

日本在东亚崛起直接导致了日俄矛盾，间接导致了美日矛盾；德国崛起后展现咄咄逼人的姿态，既延续了原有的法德矛盾，又新增了英德矛盾、德俄矛盾；美国经济实力强劲增长和金融扩张，导致了美英在世界范围内展开激烈的角逐。这些眼花缭乱又错综复杂的矛盾，使处于宪政改革中的清朝成为列强争夺的对象。从一定意义上说，清朝因此有一个相对和平稳定的国际环境，有利于推行改革。

宪政改革既然由朝廷推动，就不可能效仿美国那种不设皇帝的共和模式，更不可能选择法国那种以暴力废掉皇帝的模式，而只可能参照保有皇权的英国、日本、俄国模式，加以借鉴取舍。英国的皇室无实际权力，只作为国家的象征，清朝皇室不会选择；而俄国和日本作为侵略者，给中国带来一系列伤害，清政府从感情出发，难以把他们作为学习的对象。

正在彷徨之际，日俄战争有了结果，这使清政府下定了决心：走君主立宪道路。虽然这一选择是出于无奈，甚至有些虚幻，但毕竟是中华民族的国家治理第一次出现民主的萌芽，还是值得肯定的。

清朝实施宪政改革，表面看是清朝的内政，实质却是列强治国模式及其对中国影响力的一种投射。清政府已经认识到，如果与世界潮流相悖，必然招致孤立，最终会被淘汰。换个角度，即使清朝能够做到特立独行，维持原有的治理模式，列强也会制造各种阴谋和陷阱，冲击清政府统治。所以，还是顺应潮流，改制为上。

在当时，清朝推行宪政改革，证明了西方资本主义制度具有先进性，战胜了当时中国落后的封建制度。而中国主政者最终决定实施君主立宪，是其立足于地缘政治条件和民族传统文化，基于现实政治、经济等各种因素做出的明智选择。

以前，中国封建统治者推动的改革都是“顶层改造下层”“有权者改造社会”，而宪政改革则是直指政权顶层。因为中国两千多年来一直实行封建王权制度，直到近代仍保持着其生命力，所以宪政改革具有革命性意义。自然，这样巨大的变革也蕴含着巨大的风险，必须营造一个稳定与和平的内外部环境。哪怕是一个小小的动荡因素，都可能危及宪政改革这个主题。

事实正是如此，宪政改革从一开始就命运多舛。日俄战争后，清政府计划从 1907 年开始，利用 9 年时间推动立宪改革。这一设想是比较稳妥的：先从容易见效和容易推行的地方下手，再攻克相对困难的环节和领域，最终彻底破除满汉樊篱，重构新型民族关系与顶层权力体系。这样的安排，至少避免了戊戌变法时不顾消化和承受能力，在短时间内生硬推行诸多改革举措的弊端。虽然对于实现“三权分立”的目标，理性的人都会有疑虑；但从新增资政院和审计院等部门来看，清政府似乎没有蒙蔽视听，而是真心希望有所“突破”。

不幸的是，这一次，中华民族再次迷失于改革的洪流中。受制于自身封建制度的强大惯性和身边冒出的极富侵略性的邻国，宪政改革最终胎死腹中。

封建王权制度有两大严重弊端：

一是政权体系能否保持稳定、甚至整个国家能否保持稳定，不是取决于封建王权制度本身，而是取决于现实的王权是否稳固，或者王权掌控者是否有足够的权威。

1908 年 11 月，在宣布宪政改革刚刚两年有余，慈禧太后和光绪皇帝在不到 24 小时之内相继去世，清朝政权的顶层体系——这架本已老旧的机器丧失了“核心动力装置”。从第二次鸦片战争开始，慈禧太后成为继咸丰皇帝之后的顶层权力核心。奕䜣、曾国藩、李鸿章、张之洞、袁世凯等一大批能臣干将，均是在她的力推下得以成长和发挥才干的。可以说，慈禧对清朝政局具有“一锤定音”的影响力，是官员甚至民众的精神领袖。光绪皇帝自从继位以来，甲午战败、戊戌变法功败垂成，只是有名无实的法理上的皇帝，但其勤勉施政，力主推行改革，获得国际社会的认可和同情，拥有一定的影响力。这两个人一下子都去世了，清朝便失去了统御宪政改革的核心人物。

二是封建王权制度在政治上天然具有狭隘性，核心权力者对所谓的异己进行盲目和粗暴的排斥打击，导致内政外交政策僵化。

首先，戊戌变法后，朝廷对康有为、梁启超等人的通缉一直未废除。启动宪政改革后，朝廷的立场虽然有所松动，但并无与康梁等人谅解之意；这使得康梁等人利用一切场合对清政府进行反击，甚至有意夸大抹黑。如果，慈禧太后能够对康梁二人宣示互谅善意，不仅可以获得他们的智力支持，而且还可以在西方列强主导的国际社会中树立新的形象。

其次，针对孙中山等提倡推翻清朝政权的“革命党人”，清政府始终将其看成死敌。固然，孙中山等人视推翻封建制度为最终目标，与清朝政权和制度势成水火。但慈禧太后主导下的清朝顶层权力体系，意识上过于狭隘，决策上过于僵化，使越来越多的知识分子，甚至清朝体系内的部分官兵，都倾向于支持孙中山。

对政敌采取僵化态度，很可能最终动摇自己的政权根基。这是封建王权制度的通病，不是清朝的专利。从实际情况看，康梁和孙中山等人固然对西方和国际社会形成了一定影响力，但不足以决定西方和国际社会对清朝的态度和政策，是清政府自己缺乏宽容和解能力，形成了作茧自缚的局面。

再次，慈禧和光绪去世后，摄政王载沣居然将所有关键岗位交给王公贵族们，草率行事，将袁世凯、张之洞等能臣干将逐一边缘化。

袁世凯和张之洞可谓宪政改革的旗手和标志性人物，是决定和实施诸多宪政改革重大举措的局中人。他们是继李鸿章等人之后的重量级人物，获得朝野和国际社会认可。摄政王载沣是光绪皇帝的亲弟弟，对袁世凯在戊戌变法中出卖光绪皇帝一直耿耿于怀，于是感情用事，对袁世凯进行排挤，张之洞亦受到冲击。而袁世凯是掌管北洋军和外交、警察等强力职能部门的关键人物。于是，载沣的做法相当于将袁世凯及其追随者推向了对立面，也把一大批支持宪政改革的知识分子、高级官员推向了对立面。

载沣等人狭隘的掌权、分权举措，促使宪政改革的一部分中坚力量变身为政敌。这样，载沣等人虽处于顶层权力，但手中的权力趋于弱势，推动宪政改革的权威和动力都显得不足。

而此时，欧洲本土矛盾上升，导致列强无力顾及亚洲，日本借机加快侵略中国、称霸亚洲的步伐。

风雨飘摇的清朝当权者，看到了美国伸来的“橄榄枝”。新崛起的美国，为了在老列强之后攫取“平等”的霸权利益，就要提出更务实的“国际策略”和“霸权法则”。而这对清朝来说，是缓解日本施加的强压，维系利益平衡的一根稻草。

早在《辛丑条约》签订之前，美国便提出“门户开放、利益均沾”政策，目的是进入清朝市场，提升美国的国际影响力。而美国从自身利益出发，为了与已控制了中国市场的老列强们竞争，必须“为清朝着想”、获得清朝的好感，才能得到清朝的“策应”。当然，清朝的确也在利用自身市场力量作为杠杆，在一定程度上，使美国成为维系外部力量平衡，减轻近邻日本和俄国对自己伤害的有利因素。

美国极力支持清朝的宪政改革。其冒着与日本、俄国关系恶化的风险调停日俄战争，主要意图之一就是获取清政府的信赖，便于进入中国市场。美国还将庚子赔款拿出来，在中国建立大学和医院。毫无疑问，美国是有霸权战略意图的，但也包含一些讨好清政府的意图。美国的对华外交战略获得了回报：清政府开始重视与美国的关系，甚至产生了一种将自身安全与尊严托付给美国的心理。

尽管当时还看不出美国将要取代英国成为世界霸主的迹象，但美国显然已在采取与老列强们不一样的新政策。美国在欧洲采取孤立主义，只谈贸易，不介入政治、军事事务；在亚太，则采取政治、经济、军事“组合拳”策略。通过所谓的调停获得均等霸权。

处于列强环伺中的清朝，如果寻找外援的话，也只有找推行“门户开放、利益均沾”的美国了。

然而，清政府并没有利用好美国这个因素。袁世凯被解职，导致筹划中的中美德三国大同盟最终流产。当然，即便中美德三国大同盟没有成功，如果清朝加强外交协调，也可以促使美国、德国加大对日本的制衡力度。

问题是，中美德三国大同盟谈判中途而止，让日本更加有恃无恐。日本开始利用英日同盟来反制美国，强化自身掠夺中国的地位。清政府为了推进宪政改革，被迫与日本妥协。

所谓《间岛协约》（即《图们江中韩界务条款》）就是在这样的背景下出现的。1909 年 9 月 4 日（清宣统元年七月二十日），清朝与日本达成外交妥协，签订该协约，以缓和对日关系。

载沣主导下的朝廷，试图与日妥协，形成有利于清朝统治的局面，但他们毕竟缺乏慈禧、李鸿章所拥有的政治斗争经验，也缺乏足够的威信；特别是其对待袁世凯、张之洞等人的草率手段，使其丧失了实力派人物的支持。所以，与日本签署《间岛协约》激起民愤，成为载沣等人的大麻烦。

清政府一厢情愿地认为，与日本在东北问题上达成妥协，可以稳定周边环境，从而专心宪政改革。但其既没有进行舆论准备，也没有做内部应对准备。而宪政改革的一个重要内容，就是放开民间舆论，所以，当《间岛协约》签订的消息传出后，民间反对的情绪爆发了。

那些持激进主张的立宪党人要求加快宪政改革。以摄政王载沣为首的年轻权贵们，在强大的舆论压力下，只能承诺加快改革进程。

1910 年 11 月 14 日，清廷宣布缩短预备立宪期限为五年，国会开设之前先设责任内阁。1911 年 5 月 8 日，清政府废除军机处，发布内阁官制，任命总理和大臣。但成员名单中过半数为清宗室（皇族）与满人，被讽为“皇族内阁”。立宪派、公众舆论对此十分不满，清王朝陷入风雨飘摇之中。随后，辛亥革命爆发，中国早期的资产阶级革命力量走到历史舞台的中心位置。

在不到50年内，清朝经历了三次大变法：洋务运动、戊戌变法、宪政改革。但在遭遇动荡波折后，每一次变法又戛然而止，这种戛然而止又带来新的社会动荡。而且，尤具悲剧色彩的是，变法的内容一次比一次更加深刻、更加触及清朝的政治根基，但主持变法的人，其政治经验和领导才干却逐级下跌。

回望清朝三次大变法，感慨良多：

洋务运动的主要内容是引进西方的先进科学技术与企业管理方式，主要领导者和推动者是奕䜣、曾国藩、李鸿章、张之洞等久经内政外交事务和血雨腥风战斗历练的能臣干将，既具备前沿、宽宏的视野，也具有足够的威信与领导才干，稳住了朝局。这一时期是清朝在鸦片战争以后改革士气最高的时期。而甲午战败后的戊戌变法，主要领导者和推动者，是光绪皇帝、康有为、梁启超等人，他们并不具备足够的领导才干和政治经验，甚至在政治上有严重的幼稚病，但光绪皇帝个人为政勤勉，并且因为处于权力弱势，反而受到认同和同情；康梁等人有学问有眼光，所提出的改革举措也切中要害。主要问题是急功近利，改革措施过于激进，突破了当时政治现实所能够承受的极限，故最终失败。

立宪运动启动时，慈禧、光绪已去世，袁世凯等人也被边缘化，其主要领导者和推动者，是一群严重缺乏在乱世中治国理政经验的年轻权贵，他们以祖上为荣，以朝局为重，有心气、有志气、有胆气，但既无令知识分子服膺之术，也无驾驭混乱局面之略。而那些持激进主张的立宪党人，无康梁那般学识，却有比康梁还要高远的政治抱负。这种巨大反差决定了他们的主张是不可能落地的。

清朝三次大变法，正是“中国政治由传统向近代转型的时期，政治近代化在革命的过程中发生，使历史更具复杂性。”（李细珠：《新政、立宪与革命：清末民初政治转型研究》）立宪运动的过程说明，改革脱离不了简单的生命周期规律：一个沉疴已久的垂垂老人，本该按照病理规律治疗调养，但突然间来了一位激进的医生，试图让老人迅速恢复生机，于是，不问缘由、不查病因，只是根据病征表象急切地下猛药，从而导致老人家急火攻心，导致之前的医治成果也丧失殆尽。

以载沣为代表的清朝年轻权贵们，无论是宣布缩短预备立宪期限，还是先设责任内阁再开国会，都无法阻挡全社会压抑已久的怨气和反抗。“皇族内阁”的出现，充分暴露了贵族统治集团绝不轻易放弃自己的权力、绝不会还政于民的企图。清政府形象与威信尽失。而清廷随后决定将铁路收归国有，又激化了政府与商人、中央政府与地方政府之间的多重矛盾。

至此，清王朝再也不可能给民众带来希望，注定只等一击而亡。

武昌起义扩展为波及全社会的辛亥革命，看起来是一件微不足道的事导致了大事变，其实正说明当时清政府的地位何其脆弱。辛亥革命使清朝四百年的江山变色，更重要的是把中国两千多年的封建王权制度埋进了历史。

如果说，秦汉兴起为中华民族之初生，那么清朝覆灭则为中华民族之重生。在清朝覆灭前，中华民族是内乱而导致外患，但无论王朝如何更迭，中华民族始终是秩序的塑造者、主导者、仲裁者；除非内部生乱，绝对无任何外力可以威胁中华民族的生存。中华民族的强大凝聚力和中华文化的强大影响力，甚至带来了这样的局面：即使有“外族”入侵中央政权主导的地盘，甚至可以主宰一时，但最终还是被中华民族这个大熔炉所融合，其也成为中华民族的一分子。

秦汉时期，匈奴人攻打欺侮中原王朝，最终被打败，随后一部分向北、向西迁徙，另外一部分则融入中华民族。隋唐至宋时期，五胡闹中原，金国甚至使宋朝中央政权由北向南退却，但北方民族最终被中华文化所融合，成为中华民族的一部分。元朝时期，蒙古民族建立了强大的欧亚帝国，最终却四分五裂，其中一部分则融入中华民族。明朝时期，东南沿海盗匪丛生，但外患之于中华，正如蚂蚁撼大树，这是常态；只有在中央政权陷入混乱时，外敌才有偷袭获利之机。

但清朝的最后 50 年，中华民族脱离了“外乱不足以引起致命内乱”的历史循环，而是爆发了外患引起的致命内乱。这说明，影响中华民族安危、治乱的外部力量越来越强，而中华民族影响外部世界的意志、能力却越来越弱。自秦汉至清朝，中华民族看待“非我族类”时，总是先入为主地认为自己是道德君子而居高临下。如此，面对弱敌，尚可应对；而面对强敌，却会被动挨打、颜面尽失。

清朝最后 10 年，是中华民族自信心支离破碎的开始，但中华民族的天下情怀并未泯灭，而是继续顽强地生长，一直延续到今天。可以说，清朝最后 10 年的巨大挫折和耻辱也历练了中华民族不屈不挠的生存意志和捍卫自身权益和公平世界秩序的道德力量。想想世界上有多少与中华文明具有同样悠久历史的古代文明，在历经混乱和挫折后，仍然生存下来的？古希腊人和古罗马人早已进入历史博物馆，犹太人流离失所两千年，阿拉伯人如今分属于20多个国家，现代印度人生存的地域范围与古印度已有很大差别。他们承载的文明早已断裂或消失。

从鸦片战争到辛亥革命爆发之前，中国被一个个强大的敌人打败，遭遇欺辱，根源在于统治集团和知识阶层思想僵化，政治经济社会体制保守封闭，体制变革的内生力量薄弱，无力应对外部强敌的冲击。陈旧腐败的封建王权制度压制束缚了中华民族的生机，只有经历深重苦难，才能累积并爆发出强烈的变革伟力。清王朝覆灭，标志着中华民族获得新生，新生的中华民族必然焕发出更强大的创新力量，必将创造出更辉煌的文明。

新旧制度之缠斗

我仍然认为，当中国同德国断交时，我们坐失大好时机。那时，我们只要对中国的感情稍加认同，凭借我方支持和努力，整个局面会完全改观。

——美国驻华公使芮恩施 1916 年 6 月 7 日致函美国总统威尔逊

就像一个人不可能选择自己的出身一样，一个民族也不可能选择自己新生的历史起点。

辛亥革命终结了清朝统治，但中华民族的生存状态，特别是在国际上的地位，并没有发生骤然改变。一个显著的事实是，无论我们这个重生的民族如何颠覆之前的制度，都不可能摆脱历史与现实合成的“特定时空合集”。中国人有了中华民国公民的新身份，但也不得不继承清王朝的一些政治遗产。

何况，清王朝中央集权制度一夜间坍塌，新制度还在塑造之中。从地方来看，形成一个个既得利益板块，它们以新旧杂糅、治乱交织、相互争夺的不稳定方式存在着。这反映了一个令人无奈的现实：先进制度代替落后制度，是需要付账买单的，并且，制度更替远不像重建一处院落甚至也不像重建一座城池那么简单。旧制度承载着生命力强大的可延续的文明，新制度要接纳这个如同鲜活生命一样的文明，新与旧是相互交融的、有新陈代谢的。新的先进制度得以确立，是有代价的，有时代价还会很大。

波及全社会的巨大制度变革，对一个民族的影响是复杂的。有时，新生制度的光芒会被旧制度消亡带来的一系列混乱所掩盖，修复社会共同认知需要一定的时间周期。以共和制理念建立的中华民国，标志中华民族迈进了现代民族国家之林。

这个新生的国家遇到的第一个问题是：谁来代表中国？谁来掌握中国？国家最高权力的人格化象征和代表，成为亟须确定的事项。

中国爆发辛亥革命，有的国家乐见其成，有的国家却感到沮丧。欧美国家乐见中国效仿它们的制度，同时不希望中国社会因此发生动荡，进而损害其在华利益。他们希望维持稳定商业环境，继续享用中国廉价的能源和劳动力。俄国和日本则希望中国出现动乱。俄国想的是利用混乱煽动边疆地区分裂活动，便利其掠夺中国领土。同时，中国混乱可以给其他西方国家带来更多麻烦，助俄国收渔翁之利。日本想的是，支持一部分中国人打另一部分中国人，通过制造内部分裂扩大其在中国的影响力。

归纳起来看，清朝实施宪政改革，采取的是稳步过渡方式，因而客观上顺应了英法美等国家的需要，背离了日本、俄国的需要。而辛亥革命的后果，则是美英法战略利益受损，日俄的战略利益增加。

辛亥革命后，中国出现了两个政治中心：一个是国民党人孙中山、黄兴主导，主张中国走美国或法国式的共和制道路；另一个以袁世凯为首的前清重臣主导的，他们政治上摇摆，但掌控着大部分经济资源和战力强大的军队。既然存在两个政治中心，地方诸侯式人物就会顺势崛起，甚至兴风作浪。

在中国历史上，凡是中央政权分裂时，都会出现这种场景。周王室衰落，五霸七雄等地方诸侯出现；汉王朝衰落，魏蜀吴出现；唐王朝衰落，出现权倾一方的地方节度使；宋王朝衰落，金蒙少数民族坐大；元朝衰落，郭子兴、陈友谅、朱元璋等地方势力兴起。

清王朝衰落，各省的督抚们逐步坐大，各据一方，成为决定中国政治走向的重要力量。于是，那时的中华民国更像是地方军阀分块管理的组合体，而不是一个真正意义上的统一国家。如此，在经济、文化、社会等各个方面，中国都难以做到统一部署、协调行动，难以达成最优化的治理效能。人心也不可能聚合成势。当时，中国处在险恶的国际环境中，这样的治理状况是非常糟糕的。

今天检视这段历史，不容易找到证明孙中山和袁世凯分别得到了哪些国家的支持，但有三点基本逻辑是确定的：在孙袁达成妥协前，外国力量有机会介入中国内部事务；孙袁二人都希望获得更多国际力量的支持，也必然会采取相应措施；地方军阀野心膨胀，不仅不彻底膺服孙袁二人，还利用二人矛盾争取利益，于是"越顶外交"时常发生。显然，这是一场激烈而复杂的政治博弈。

英法美等列强出于巩固既得利益的需要，希望中国尽快恢复秩序，确定一个能够稳定局势的代理人。而俄罗斯和日本则希望中国维持混乱局面，以便更多地介入中国内部事务，与美英法等国展开战略利益争夺。

辛亥革命爆发之际，正是欧洲战云密布之时，英法德俄均没有更多精力介入中国事务。美国身处孤立主义思潮当中，连与其利益紧密相连的欧洲都无心介入，更无心顾及亚洲。只有日本可将主要精力集中于中国事务。

当时，孙中山、袁世凯分别代表的两支力量，前者与日本的联系更为密切。而欧美势力则属意袁世凯，认为他更有稳定局势的能力和资源。

袁世凯与日本的关系一向不好，从其担任朝鲜国王身边的军事顾问开始，便与日本争斗不休。后来，日本决定转身支持袁世凯，则是赤裸裸的利益交换。

从当时中国的政治现实出发，袁世凯控制着大部分的经济和军事资源，并且得到前清重臣的追随，具有出任国家元首的优势。从孙中山方面说，孙的政治主张得到了更多民众的呼应，代表着中国政治改革的大方向。经过多方协调，孙中山和袁世凯各自代表的一方达成了妥协：中国实行新的宪法，走共和制道路，政治上遵循孙中山等人制定的路线，总统则由袁世凯担任。

按理说，既然两大政治力量达成了妥协，政权制度体系已按照宪法构建起来，中国就该在现代化国家的道路上走下去，开启建设新国家的征程了。但不幸的是，乱国之剧又一次上演：从总统之位交接开始，两支力量就互不信任，都担心对方违背承诺、不认真执行宪法（即临时约法）。在这种心态下，双方不可能形成良性互动，达成权力平衡，更不可能专心国家治理。

终于，1913 年 3 月 20 日发生了宋教仁遇刺案，打掉了两支政治力量之间微弱的信任。随即，双方兵戎相见，激化为内乱战争，史称“二次革命”。

这一轮内乱是内外因素共同作用的结果。除了上文提到的内部因素——两支政治力量缺乏互信，还有一个重要的外部因素——日本从自身战略利益出发，激化孙袁之争，从中渔利；还与中国地方势力勾兑，使孙袁之争增加了更为复杂的因素，导致乱上加乱。

此次内战，孙中山因军力弱小被打败，被迫流亡日本。袁世凯暂时实现了表面上的“一统天下”。在中央政府，袁世凯依靠北洋军队班底和个人威信，成为权力中心，没有其他力量可以制约。但在地方上，则是各路军阀趁乱坐大，各据一方。不仅中央政令、军令难以在地方上执行，甚至有的军阀连税都不交。这样，袁世凯为了维护中央政府运转和强化自己的地位，就寻求外国的政治和经济支援。

当时，欧洲多数列强无力顾及中国事务，美国有心深度染指中国，但因英美不和，英国对美国介入中国事务形成制约。这就导致了日本可以强势介入中国事务的局面。

在袁世凯与日本政府勾结下，让中国丧权辱国的“二十一条”浮出水面，其核心内容是中国给予日本更多的特权，并且，这些特权是其他列强所没有也不能享有的。

日本胆敢如此掠夺中国，与中国两大政治力量出现对抗冲突，并且都依赖日方援助有关。当时，孙中山逃亡日本，客观上需要日本保护安全。袁世凯掌管下的国家是一个四分五裂的烂摊子，根本没有实现实质性的统一。而国际上也没有可以制衡日本的力量，日本对中国实施干预和侵略的空间较大。袁世凯既需要日本援助，又担心日本支持国民党方面，所以不敢对日本采取强硬立场，而是苟且求安，同意签订“二十一条”。

这说明，虽然清朝灭亡了，但中华民族被欺辱、被宰割的局面并未出现逆转。这是因为，封建王权制度倒掉了，但新制度还没有真正立起来，处在新旧制度迭代中的中国，权力分割，还难以形成强大的抵御外辱的合力，列强对中国的侵略反而日益加重。

在国家风雨飘摇之际，政治摇摆的总代表袁世凯选择了倒退，于1915年12月宣布复辟称帝。消息传出，举世哗然，各国纷纷表示反对，只有日本明确予以支持。日本的目的很清楚，通过扶持袁世凯控制中国。对袁世凯来说，他可能从未真正相信过共和制，并且，因其个人经历，他根本无法摆脱皇帝大位的诱惑。无论如何，他开历史倒车，使混乱的中国乱上加乱。

外有列强欺压，内有军阀混战，称帝后又受到各方声讨，袁世凯于1916年3月匆匆取消帝制，6月病死。袁世凯死后，北洋群龙无首，激烈的权力斗争随即展开。中央政权则爆发府院之争。各地军阀更加明目张胆，彻底蜕变为割据一方的诸侯。

当时，国际战略博弈的重心仍在欧洲。在东亚方向，孱弱的中华民国犹如国际社会的孤儿，无助地面对着咄咄逼人的日本。

第一次世界大战爆发后，中国处于一个非常尴尬的地位。作为一个弱国，没有什么发言权，对于强国之间的战争，唯恐避之而不及。所以，中国在战争一开始，就选择了中立，试图以此维护体面和安全。更为严酷的现实是，交战的哪一方也不指望得到中国的支持，中国也无力提供任何支持。从当时主导中国外交走向的北洋集团和袁世凯本人，都倾向于中立。

但是，中立也是要交学费的。随着战争向前推进，中国继续保持中立已不再可能。因为，战争双方都在痛苦地咬牙坚持，外界的支持就显得重要了。即便中国这样的弱国，也是胶着中的双方着力争取的对象。因为，哪怕一个微小的外力都可以影响战争胜负的天平。

袁世凯死后，战争双方加紧争取中国。此时，群龙无首的北洋政府就如何调整立场发生了争执。选边站队犹如押宝，如果押错了宝，就要被罚。中国本已内外交困，如果再成为世界大战的战败国，陪绑受罚，后果不堪设想。如果和战胜国站在一起，则不仅可以借机摆脱列强压力，减少因列强相争带来的各种损失，甚至可能获取利益。如果继续保持中立，中国就要在战后面对更加强大的战胜国，这将降低国家地位，丧失维护自身利益的基本条件。

北洋政府内部吵作一团，决策缓慢，又一次错过了表态的时间窗口。固然，中国如何站队，并不会对战局产生决定性作用，但却关系到战后如何保护既有利益和争取更多利益。中国内部争论不休，本身就说明权力集团缺乏决断力。而且，无论是英法俄和德奥集团，都认为中国是墙头草。虽然双方也会对中国进行外交争取，但内心是有反感的，所以，无论最终谁胜谁败，都不会在涉及中国利益分配时提供支持。

对于弱国而言，在世界大战中首先考虑保全自身利益是可以理解的。但同时，要认清自己面对的主要威胁是什么，世界大势将如何走，否则，就会付出沉重代价。中国在采取中立之初，就应当明白中立立场无法保持太久，独善其身是不可能的，应当尽早考虑选边站队问题。至于何时转变、向哪边转、以什么样的方式转，也应当尽早谋划。

等外部形势明朗后，再考虑应对之策。这样的政治决策怎能不被动？

当时中国的运势，不可能独立于世界大战的结果，而是与其息息相关。中国的安全和利益主要涉及两个方面：一是必须站在胜利者的一边，以此争取自身利益。二是必须利用国际战略力量制衡日本，降低其压制和危害，在此基础上争取达成与日本平等相处。

对于中国的决策者来说，首先要判断哪一方能赢得战争。从地缘来看，德奥集团被英法俄集团围困于欧洲中部，难以突破到沿海地带；而且，纵使德国凭借强大的陆军，在欧洲大陆上战胜了英法俄，但英国凭借强大海军力量仍可在海权上立于不败。而且，美国虽然持中立立场，但从感情和安全依赖上明显偏向于英法俄。也就是说，德奥集团最好的结局也只是战胜法俄，之后与英美走向和谈；或者维持一方控制海洋、另一方控制陆地的局面。再者，德奥远洋海军远逊于英国海军，所以，英法对中国的威胁能力远胜于德奥。

基于以上分析，中国自然应站在英法俄一边。再进一步分析，中国的选择能否增强对日本的战略优势。站在英法俄一边，有利于增强中国对日本的影响力，因为日本基于英日同盟，中国可以利用英法俄中的英国来减缓日本对中国的压力，还可以减缓美国对中国的压力。即使英法俄输掉战争，德国在战后也会制衡日本，削减日本对德国在华利益的威胁。

有人认为，既然如此，中国一开始就宣布加入英法俄同盟，才更为明智。这其实是一种误导。在美国参战之前，战场形势大大有利于德国，而不是英法。德国军队在东部坦能堡打败俄罗斯主力部队，在西部战场牢牢控制局面，英法联军处处被动，战场被限制于法国境内。当时无人能判断德国会输。所以，让中国一开始就选边站队，是妄谈。

中国一直等到美国对德国宣战，大局基本明朗了，才姗姗来迟地向德国宣战。所以，中国作为战胜国的价值就大打折扣了。当然，这样做仍然比固守中立要好很多。因为无论谁胜谁负，都不可能照顾中国；战胜国也不可能因为中国中立而放弃对中国掠夺；而战败国根本无力照顾中国。相反，战胜国可以任意处置其他列强在中国的殖民地，那样，中国倒真是哑巴吃黄连。

中国谁都惹不起，但尤其不能得罪更加强势的一方。所以，中国选边站队虽然晚了好几拍，但仍算是明智之举。在此之前，中国从未在境外卷入过列强之争，至多是在列强矛盾中“以夷制夷”。

中国这次选边站队，是第一次参与到国际秩序重构当中，也是中华民族首次在现代国际舞台上亮相。虽然并未抓到最好的时间窗口，但依然是一次积极主动的作为，值得肯定。中国仍然是一个弱者，但在国际战略平衡中的作用已经初步显露出来，这是增强自信的必要积累。

鸦片战争后，欧美列强和日本是后来居上的强者，中国沦为弱者，但中国并没有因为落后而自暴自弃，更没有因为衰落而束手待毙。

清朝后期的50年，中国没有在国际社会中选边站队，这是因为：从客观上讲，那时列强矛盾并没有激化到爆发大战的程度，中国可以在列强中“闪躲腾挪”“以夷制夷”；从主观上讲，清朝也不具备在列强中选边站队的魄力和能力。而北洋政府面对更加明目张胆和肆无忌惮的近敌日本，以及崇尚实力、遵从丛林法则的国际社会，不得不加入国际社会的权力博弈当中。同时，被动地利用列强矛盾，采用“两害相权取其轻”的策略。

而第一次世界大战时，中国基于对利害得失的全面分析，抓住最后的时间窗口选边站队，是政治智慧增长和国际视野打开的体现，也无疑是中华民族踏入国际社会所必须经历的成长。

当然，在中国正式向德国宣战前，已经表现出对英法俄的倾向性。而一旦中国的这种倾向性表现出来，英法俄立即推动中国加入协约国阵营。这时，受到触动最大的是日本。日本从“一战”开始，就反对中国加入协约国，因为中国始终保持中立，战后就很难得到任何一方的支持，这对于日本在华利益是最好的保护。

不过，当中国加入协约国一事即将木已成舟时，日本也不便于再明确反对，否则，其对华野心暴露得太露骨，会遭到列强反制。所以，日本索性催促中国向德国宣战。日本的盘算是，已经与中国签订了“二十一条”，锁定了利益，没有必要再在这个问题上找麻烦。

但是，日本这次失算了。中国加入“一战”，对美日关系和欧日关系增加了新的变量。

“一战”中，美国借机在中国争夺利益，而它最大的对手就是日本。客观来说，美国与日本争夺在华利益，增加了中国利用外界力量减压的筹码。英法俄忙于欧洲战事，希望日本在亚洲牵制德国，确保它们的在华利益，而日本拼命扩大在华利益，引起欧洲列强高度警觉。日本炮制“二十一条”并迫使中国接受，这种吃独食的做法，令其在西方列强当中陷于孤立。

现在中国加入协约国，成为战胜国之一，相当于站在了反对日本阵营的一边。

战胜国之间的不平等

我很失望，最高委员会无视中国人民的存在，出卖了作为战胜国的中国，我很愤怒，我很愤怒！你们凭什么，凭什么把中国的山东省送给日本人。中国人已经做到仁至义尽。我想问问，我想问问这样一份丧权辱国的和约，谁能接受！

——电影《我的1919》中顾维钧在巴黎和会上的演讲

中国虽然是“一战”的战胜国之一，却不可能真正享有战后的利益分配。因为真正的战胜国，必须具备战胜敌国的实力，而那时的中国没有这种实力。巴黎和会印证了这一点。北洋政府的代表作为战胜国的成员出席了和会，但也是以弱国形象出席的。巴黎和会给了中国光荣，因为中国确实是一个战胜国；也给了中国耻辱，因为作为战胜国，却不能在和会上维护自己的合法权益。

但也正是从巴黎和会起，中华民族凝聚起了全民族奋斗意志，迎来了于己有利的国际格局新变化。

第一，第一次世界大战促使俄国爆发十月革命，俄国沙皇下台，建立了共产党领导的苏维埃政权。苏维埃俄国和随后的苏联，长期被西方列强孤立，成为抵御欧洲霸权势力的坚强阵地。这一新格局大大降低了中国北方的安全压力，客观上为中华民族发展带来重大的历史机遇。

中俄有漫长的陆地边界线，其稳定与否直接关系中华民族的发展大业。在十月革命前，沙皇俄国不断向东扩张，不断掠地索款，煽动中国边疆民族矛盾，给中华民族带来巨大灾难。北部漫长边界的威胁，是中华民族安定发展的严重破坏因素。而十月革命后，苏俄和苏联由共产党执政，走社会主义道路，成为西方资本主义的劲敌，因此需要与近邻中国友好相待。于是，中国与苏联的关系开始缓和，甚至在一定程度上更加靠近。在这种气氛下，中国拿回了被沙皇俄国夺走的东北地区铁路权及采矿权。

当时，协约国担心新兴的社会主义苏联背叛协约国，退出战争，甚至向德国投降，于是希望苏联政府倒台。日本虽然是协约国的对立面，但站在所有列强的角度，也希望苏联垮掉。

这种情况对中国是有利的：中国虽然无力与日本抗衡，却可以利用中俄（中苏）关系缓和的有利时机，抓紧打击北部边疆地区的叛乱分子。北洋政府军队抓住时机，镇压外蒙古独立势力，使外蒙古一度回到中华民族的怀抱。令人痛惜的是，这只是短暂一瞬，随后又因国内军阀混战，对外蒙古失去有力控制，直至其分离出去。

第二，第一次世界大战孤立了日本，使日本与美国、英国的矛盾得以发酵。

日本强势掠夺中国，损害了美国在中国的利益，美日矛盾早已存在。而"一战"结束，日本的对手沙俄和英国的对手德国都因战败而衰落，英日同盟的外部对手不复存在。而美国与日本关系恶化，进一步削弱了英日同盟的基础。

由于日本独霸中国的野心日益强烈，行动越来越猖獗，其成为美英等西方列强的潜在对手，而不再是拥有共同战略利益的盟友。由于同样的原因，十月革命后的苏俄和后来的苏联也不可能与日本结好。

巴黎和会后的日本，国际处境变得被动。首先，中国没有从内心里屈服于日本，试图寻找机会反击。其次，日本过于激进的对外政策加重了与苏联和美国的矛盾。日本在苏联成立之初，即向苏联提出要单独处理西伯利亚事务。这既引起苏联敌视，也激怒了美国。

接下来的华盛顿会议，成为美国埋葬日英同盟决定性的一步。如果说巴黎和会的中心目标是解决欧洲地区的问题，那么华盛顿会议的中心目标则是解决亚太地区的问题。如果说巴黎合会种下了战争的种子，那么华盛顿会议同样种下了战争的种子。

美国利用华盛顿会议对日本施压，塑造自己在亚太地区的优势地位，而日本对美国试图构建的新秩序反弹强烈。

华盛顿会议后，尽管中国在日本面前处于绝对劣势，但是无论在海上还是陆上，又都能获得一些可以制衡日本的外界支持。在海上，是美英的支持；在陆地上，则是苏联的支持。

第三，中国在巴黎和会上反对列强将德国在山东的特权转让给日本，令外界另眼相看。自此，中国作为独立主权国家的地位得到美英法等强国的承认，这为之后中国参加国际联盟，提高自身国际地位奠定了较为可靠的基础。

第一次世界大战后，中国是唯一和列强开展对等外交的弱国。而且，中国虽然对德国宣战，但并没有为难德国，这使德国朝野也在心理上认同中国。这一时期，是中国国际环境自鸦片战争以来最好的时期。如果有一个强大的政治领导核心，中国有可能较快地进入现代化建设进程。

然而，这时，孙中山领导的国民党还不足以承担中华民族开始新征程的使命：北伐促使段祺瑞、冯国璋等北洋末代权威人物退出了历史舞台，彻底解决了地方军阀问题，但南京国民政府只是在名义上得到国际社会承认，其并没有成为一支真正有决心、有意志、有能力统一中国的政治力量。

中国仍在严重内忧外患当中徘徊。最严重的外患来自日本，它不仅霸占着台湾，控制了中华民族这个最具海上战略价值的支点，而且时刻威胁着中国大陆的安全。最严重的内忧是地方军阀，他们各成一体、互相争斗。军阀斗争不仅为日本介入中国内政提供了方便，也为其他列强向中国渗透打开了大门。

所以，那时中国的状况是：领土被恶邻所占，名义上的中央政府腐败不堪，地方军阀各自为政，且背后有不同的外国势力。主流之外的其他政治力量也与外国有千丝万缕的联系。

在这种情况下，要使中华民族强大起来，务必做好两件事：一是彻底消除日本对中华民族的奴役，使中国获得与其他列强对等的国际地位；二是将各种政治势力凝聚起来，共同致力国家建设。可以说，由于当时的中国已与国际社会深入交融，两件事必须同时做好。如果有一件事没有做好，哪怕出现一点微小的波折，都会导致两件事同时遭遇重大挫折。

不幸的是，当时中国面临的内外环境，都不支持同时做好这两件事：

第一，激烈的意识形态斗争使国际环境更加复杂。苏联成立，以一种全新的社会制度代替旧的社会制度，其地缘政治影响不亚于法国大革命或 1848 年革命对中西欧的政治影响。这种影响自然会扩展到邻近的中国，进而影响到中国国家治理的路径选择。

这时的中华民族，并没有因为有了一个统一的、受到国际社会承认的民国政府，而走上现代化的发展道路。

中国的国际处境依然艰难：一方面，虽然苏联与中国的关系有所缓和，但沙皇俄国时代累积下来的关税、铁路、矿藏等一系列问题，在很大程度上被苏俄和苏联所承接。这成为国民政府与苏联发展平等稳定关系的障碍。另一方面，美英和苏联之间的意识形态斗争也投射到中国身上。1921 年，中国共产党成立，为中国现代化之路带来新的选择。后来的历史证明了，中国共产党是唯一能够成长为领导中华民族团结进步、推进现代化建设的政治力量和政治核心，但在当时大多数中国人看来，走苏联社会主义道路，只是中国可以选择的众多道路之一，并不是唯一。

那时候，中国的位置在国际关系中是矛盾的：一方面，不断兴起的共产主义运动给中国社会带来重大变化，所有政党都不能忽略苏联意识形态和社会变革的价值，都要研究和思考。另一方面，英美资本主义国家的治理模式在全球占据主导地位，中国精英阶层要向他们学习。所以，作为执政党的国民党，一边维持和美英等西方国家的传统关系，一边极力发展对苏关系。

中国在国际关系中的这种矛盾处境，也可以从美英势力对中日关系的影响中得到印证。积弊已久的中国要增强国力，恢复应有的国际地位，就必须着手调整对日关系，最好是在国力和军力上超过日本。而推进这一进程，一靠内部高度团结，二要利用国际上可以利用的战略力量。在第一次世界大战后，与日本存在矛盾的英法等欧洲列强专注于欧洲事务，不愿与日本激化矛盾。美国与日本的矛盾虽然已经浮现，但美国奉行孤立主义路线，并且美日之间存在很大的妥协空间。这从美国在华盛顿会议上极力推动《四国条约》来埋葬英日同盟便可得知。苏联刚刚立国，也无力帮助中国对抗日本，而且其安全的重心仍然在欧洲。

如果日本扩大在中国的利益，但不足以惹怒其他列强，则列强对日本只能采取绥靖政策。

所以，从根本上说，“一战”之后的中国只能独自应对强势的日本。

第二，中国国内难以形成普遍团结的局面。首先，国内各种地方势力已经坐大，互不服气、互相质疑，而且对中央政府虚与委蛇。作为执政党的国民党，并无足够的能力与意志将各政治派别置于统一的政治框架之内。如果以和平手段削弱地方军阀力量，所需时间较长；如果简单地以战争方式推进削弱地方军阀力量，因大小军阀众多，不仅可能陷国家于长期战乱，还可能给日本可乘之机。同时，民国中央政府和国民党中央出现重大权力间隙，蒋介石和汪精卫等人长期不和，中央政府不可能全力应对地方军阀。

其次，作为执政党的国民党并无足够的政治视野和政治韬略来团结各种势力。一般来说，一种新鲜的并且在某些地方取得巨大成功的意识形态，自然会在其他急需改变现状的落后地区产生巨大的吸收力。所以，在苏联取得成功的马克思主义，一旦传入混乱和落后的中国，也自然会产生前所未有的吸收力。事实正是如此，十月革命一声炮响，给中国先进知识分子和工人阶级带来了意想不到的“礼物”。而且，马克思主义的主要观点切中了那个贫穷与不平等时代的要害：数量庞大的工农大众通过辛苦劳作创造的巨量社会财富，却没有获得与付出劳动所匹配的待遇，必然要通过革命改变这一切。

中国共产党的主张迅速在工农阶层获得了广泛影响力。虽然在1921年成立之初，中国共产党的影响力远比国民党小，但很快便以令人咂舌的速度急剧扩大。中共提出的理论与政治口号，与民众心声高度切合，也极大地影响了作为执政党的国民党。

所以，孙中山执掌国民党时期，积极推动国共两党合作。由于孙中山的威信和真诚，虽然中共明知与国民党信仰相异，但仍然支持国民党。如果从那时起两党长期合作下去，将是中华民族之大幸。但在孙中山逝世后，蒋介石继任党主席，发动了反对、镇压中国共产党的逆流，制造了诸多流血事件。蒋介石不仅将中国共产党推向了国民党的对立面，而且使国民党提出的自由、平等、博爱理念毁于一旦。

国民党对中国共产党的血腥镇压政策，不仅彻底毁了一个开明执政党的形象，而且造成了一系列的内政外交恶果：一方面，国民党对共产党实行镇压，极大损害了中苏关系。中国本来就有一个恶邻日本，需要苏联给予支持。但民国政府公然镇压共产党，必然引起苏联的不满。在蒋介石心里，镇压共产党有讨好美英列强的因素，因为美英对苏联共产主义意识形态充满仇恨。然而，蒋介石的行为总体上损害了中国的地缘政治环境，因为反共的美英距离中国甚远，而日俄给中国的压力却近在咫尺。另一方面，国民党不但促使共产党走向民国政府、国民党的对立面，去发动广大工农反对民国政府、国民党，而且加深了民国政府与地方军阀之间的矛盾。这是因为，即使地方军阀不支持共产党，也要防范中央政府和蒋介石以打击共产党武装力量为名，对自己行

"削藩"之实。所以，蒋介石政府的反共政策使国内政治矛盾和社会矛盾更加激化。

如果说清朝最后 50 年，中国因力量衰落而仰人鼻息、屈辱求存，那么，中华民国建立后，一系列先进思想开始传播，民族进取精神受到激发，中国为何仍难以走出险境？

这是因为，当时作为国家代表的民国中央政府，政治上腐败，思想意识极其狭隘；自成一体的地方势力自私自利、目光短浅，相互倾轧和消耗；代表广大工农利益的中国共产党力量还比较弱小，不能立即实现统筹各派政治势力的目标。此时的中华民族，虽然已经看到革命的曙光，但仍需一系列政治准备、组织准备和物质准备。

抗战密码

朕深鉴于世界之大势及帝国现状，决定采取非常之措施，以收拾时局，兹告尔忠良臣民，朕已敕令帝国政府通告美、英、中、苏四国，接受其联合宣言。盖谋求帝国臣民之康宁，同享万邦共荣之乐，斯乃皇祖皇宗之遗范，亦为朕所拳拳服膺者。

——日本天皇投降停战诏书

“二战”前的中国，国力孱弱、官场腐败、军阀混战，外部欺压依旧，国家没有得到片刻的安定发展。近邻日本对中国虎视眈眈，试图占领中国，以缓解其内部矛盾，在国际上谋得新的优势。

1929 年 10 月，资本主义经济危机首先在美国华尔街爆发，并迅疾向其他列强国家蔓延。日本虽然与英美列强远隔重洋，同样陷入了经济危机，甚至爆发的时间还比美国早一些。当然，时间点上的差异只是针对那些代表性事件来说的；在那个危机四伏的时期，风险早已如干柴垒垛，只等星星之火。

用今天的话来说，所谓经济危机，就是生产、消费、投资、就业等的循环中断了，难以为继。当时发生这种情况，根本原因是资本主义的生产组织方式存在严重短板，即没有宏观协调机制，盲目投资、盲目生产、分配严重不均，导致社会矛盾和生产消费矛盾加剧，最终不可调和。这种世界性的危机，只有通过多国协调的方式才能化解。不幸的是，资本主义天生具有的掠夺性驱动列强们采取战争的方式来解决矛盾。

1927年，日本经济危机爆发，大量银行倒闭、工厂破产，导致内阁倒台。随后欧美经济危机爆发，造成全球性大萧条。资源贫乏的日本岛内经济更加困顿。频繁换人的日本内阁，逐步聚焦于经济军事化和对外倾销政策。在这一过程中，日本军方深度介入内阁权力，促成了内阁政治转向，主张对外强硬的军国主义分子上台。“九·一八事变”就是在这样的背景下爆发的。

“九·一八事变”爆发时，中国作为一个整体，还没有在政治上、经济上实现统一，仍然是四分五裂的状态。并且，那时的东北地区早已沦为日本的殖民地，经济命脉被日本掌控；日本只是在军事占领层面，给民国政府留了一点点面子。腐败的国民党政权无力解决东北问题，却“有能力”向共产党进攻，试图集中优势兵力清除共产党领导的苏区。各地军阀均心怀异志，有的在看民国政府的笑话，只图自己的势力坐大；有的甚至想抓住机会，在民国政府后背“插上一刀”，谋取更大政治和经济利益。

此时的蒋介石有两种选择：第一是后来被证明错误的“攘外必先安内”，即消灭共产党领导的红色政权，尽快实现国内政治统一，再集中力量抗击日本。第二是立即化解国内各种政治力量之间的矛盾，至少先将各种矛盾搁置起来，聚焦关乎民族前途的核心目标，即共同对抗日本。

第一种选择意味着，必须在短时间内消灭共产党力量，必须把各地军阀统一到民国政府的旗帜下。

但是，日本会等着蒋介石政府集中力量来对付自己吗？日本图谋掌控的地盘仅仅是东北吗？美英和苏联的态度又将如何？他们希望蒋介石一统江山吗？

后来的历史证明，“攘外必先安内”政策违背历史大势，违背中国人民求团结、抗外敌的强烈意愿，带来了历史性灾难。美英方面认为，蒋介石不肯立即出兵抗击日本，放任日本扩大在亚洲的霸权，影响了美英在亚洲的利益，对蒋介石极为不满。中国民众和知识分子们认为，蒋介石不积极抵抗外敌，却选择发动内战，对自己的同胞下手，那么，他代表的政权就是反人民的政权。蒋介石的行为令国内各种政治力量，包括中国共产党和地方军阀在内的政治力量大失所望，其个人威信和民国政府形象大幅下降。蒋介石的军队消极抵抗，对日本来说正是天赐良机，于是加紧筹备对中国更大规模、更大力度的入侵。

第二种选择意味着，用抵御外敌这个旗帜凝聚起中国各种政治力量，代价是保留一定的地方治权。这一选择能否成功，取决于蒋介石是否愿意化解矛盾，能否与共产党和地方军阀达成政治谅解。由于蒋介石的反共政策给共产党的组织队伍造成很大损失，国共两党之间的间隙难以弥合；蒋介石与各地军阀之间，也存在很多历史积怨。

蒋介石担心，如果保留一定的地方治权，相当于放弃中央政府的权威，可能会形成中央政府独立抗日，其他政治势力坐收渔翁之利的局面。基于这种考虑，蒋介石不会做第二种选择。这凸显了蒋介石作为政治人物的偏狭和自私。

在很多时候，历史人物只是历史这部精巧机器中的一个齿轮或零件，他可以选择，但又受到局限。如果换一个场景，蒋介石在“九·一八事变”爆发后，即下令中央军出兵抗日，可能会得到英美等国的支持；更为重要的是，国内民众和知识分子感到扬眉吐气，会大力支持这个敢于面对强敌的中央政权。如果蒋介石这样做，必将增强民国政府和他个人的政治威信，其战略收益将是非常明显的。但蒋介石不是这样的人，他做不成这样的事。

蒋介石反历史、反人民的选择，助长了日本军国主义的嚣张气焰。日本在很短的时间内，以种种借口，大肆向东北地区派驻军队，东北彻底被日本军事化了。不仅如此，日本居然操纵成立了"伪满洲国"，借以殖民东北人民。中国人在实行了共和制、建立了所谓的现代国家之后，却遭遇如此巨大的耻辱，这让人民看清了民国政府是个换汤不换药的落后政权，其核心人物在列强面前仍是卑躬屈膝的，是无法站立起来的。

民国政府陷入了各种质疑之中，四面楚歌，注定了走向衰亡的命运。

撕开历史一角，让人们看到历史光亮的，是中国工农红军的长征。被蒋介石军队穷追猛打、反复围剿的这支军队，从井冈山出发，历经三年，途经二万五千里，最终落脚陕北，开启了反击日本帝国主义、建立新中国的伟大斗争。中国共产党和红军顽强的生命力，让人民看到了抗日和建立新中国的希望，也看清了蒋介石政权的腐朽破败。令蒋介石政权雪上加霜的是，因其权威下降，地方军阀加强了对各自地盘利益的保护，所谓中央政府的权力无法施展，加剧了其"半中央政府""局部施政"的困境。

军事上不断退让，必然导致政治和外交上的落魄。蒋介石对日本侵略不抵抗，而是集中精力"安内"。在"攘外"方面，不敢主动出战迎击，幼稚而无奈地指望其他列强来制衡日本或者阻挡日本。连民国政府都退缩了，却指望国际组织和列强为中国主持正义，这当然是非常可笑的。

“一战”后成立的“国际联盟”，既没有让所有成员遵守联盟条约的强制手段和机制，也没有对各个成员进行道德约束的可能。这是因为，美国出于对《凡尔赛和约》的不满退出了国联，国联基本上由英法意等欧洲列强操纵。欧洲列强们利用国际联盟，为自己划分和巩固势力范围，而不是按照其标榜的那样调解纠纷、维护和平，所以，没有形成道义上和法律上的权威。日本也不拿它当一回事。

民国政府将日本入侵中国东北的问题提交给国联，希望国联主持公道，本身就是政治不成熟的体现。结果是，英法等国只对日本的侵略行为做了个口头谴责。日本索性退出国联，这样，国联就更不可能对日本有什么影响力了。

那么，中国能做的，只剩下主动与日本谈判了。固然，谈判可以缓解内外压力，争取外交运作空间，也算是务实之举。当时，日本国内的政治气候也为中日谈判留出了空间——并不是所有的日本政治家都主张入侵中国东北。中日展开谈判，可以影响日本国内的政治博弈，降低那些力主入侵者在决策层的影响力；而如果放弃谈判，那些日本极端少壮派军人很可能以此为借口，立即扩大侵略。

对中国内部来说，中日谈判相当于给国际社会和国内民众一个交代，说明政府并不是完全不作为。当然，这也只是聊以自慰，自欺欺人。

“九·一八事变”证明了蒋介石内政外交的全面失败。蒋介石政府本来就不具备对地方军阀实行“削藩”的能力，其在日本强敌压境的情况下祭出“攘外必先安内”的策略，只能加剧国内人心不齐、党政军力量离散的局面。而其对中国共产党的血腥镇压，暴露了其反人民的一面，破坏国内进步力量的团结，导致中国政治局面更加复杂。而且，蒋介石政府对苏联的信任度也降低了，双方甚至埋下了冲突的种子。

苏联既是中国的邻国，也是一个在浴火重生并且迅速壮大实力的大国。蒋介石失去苏联的支持，无疑是外交上的重大失败。哪怕再平庸的领导者，也应该明白一个道理，不应当在同一时间与两个重要邻国交恶。然而，蒋介石缺乏对国家利益的深谋远虑，并且一心维护自己手中的权力。既然美英看不到蒋介石抗日的决心，也就不会对日本采取实质性的军事和经济制裁措施，那么，结果就是日本大肆进攻和掠夺中国，扩大其在东亚的霸权。

而苏联与中国的境遇是接近的，即同样面临日本的军事压力。

如果蒋介石不反共，则可以获得苏联的支持。那么，日本强硬派考虑入侵中国时，就不得不顾及苏联的态度。虽然不能确定苏联一定会帮助蒋介石抗日，但只要蒋介石采取适当的亲苏政策，苏联就不会质疑中国抵抗日本的地缘政治价值。这样，对中国抗日形势是有利的。

当时，中苏关系不仅取决于中方在多大程度上需要苏联，还取决于苏联对世界形势的判断。苏联的防范重心指向了欧洲，于是希望中方牵制日本，使日本不能越过中国领土入侵苏联。如果中日缠斗下去，日本就无力威胁苏联。苏联不希望中国向日本妥协，更不希望中国向日本投降。但蒋介石没有把抵抗日本作为中心任务，而是热衷于消灭所谓的“赤色威胁”。这样，蒋介石就在一定程度上疏远了苏联。

而美英等国给出的态度，也让蒋介石大失所望。

蒋介石得到的这个结局，说明他面对复杂险恶的国际环境，仍然没有脱离清朝那些重臣的“以夷制夷”思维，甚至比李鸿章等人还多了一份意识形态的僵化。已是中国领袖人物的蒋介石，具有统领国民党及其军队的威望与资历，但并没有建立起应有的国际思维，不能从国内外大局制定政策和战略，无法带领中国走向强盛和获取尊严。这是中国进入民国时期后，政治资源上的一个严重缺失。

蒋介石思想意识上的僵化，与欧美列强意识形态的狭隘与肤浅，可谓一脉相承、照猫画虎，后者一味地反对苏联，一致抵制所谓的共产主义扩张。这种僵化的思想导致了世界大混乱——任何国家都可以打着“反苏反共”的旗号推行其霸权掠夺之实，日本就是其中之一。欧美列强还天真地认为，中国注定会成为一支对抗苏联的重要力量。在他们看来，防范苏联社会主义制度意识形态的外溢效应，比为中国主持公道、帮助中国免遭日本掠夺，要重要得多。

从当时东亚局势来看，中国非常需要用苏联来制衡日本。如果苏联出手牵制日本，就可以减缓中国的压力。民国政府中一些人认为，苏联出于自身利益需要，会去主动牵制日本，因此，没有采取措施拉进中苏关系，而是采取模糊态度，不左也不右。中苏这种相对疏远的关系，显然是不利于中国的。

日本疯狂霸占掠夺中国东北，并且觊觎更加广袤的中国腹地领土；欧美列强在口头上喊正义和平，但根本不关心中国遭遇的凌辱。国力孱弱、四分五裂，并且四顾无助的中国，已到了亡国的边缘。此时，身为中国最高领导人的蒋介石，因其狭隘的政治心理和拙劣的政治操作，加重了国家的灾难。

蒋介石因在“九·一八事变”及其后一系列重大事件上的失败，陷入个人政治生涯低谷。因政局极度混乱，蒋介石必须背锅，他辞职了。不过，中国的悲惨处境并未因执行错误政策的人的离开而改善。

由于当时无人能够添补这个领导者的真空，不久，蒋介石又回到了最高权位上。这一次，蒋介石看上去比以前成熟了，而且政治影响力更强大了，因为在他下野期间，他的继任者并没有比他做得更好。由于所受制约更少，他可以游刃有余地处理军政事务。他开始主动孤立日本，同时反对与日本断绝外交关系——因为一旦断绝外交关系，反而会给日本提供扩大侵略的借口。

此时国际环境对日本不算有利。“一战”后，英日同盟解体。同时，欧美列强之间的矛盾暂时化解，日本很难在欧洲找到可靠的盟友。在亚洲地区争夺霸权的美国，无论从民族文化、意识形态还是现实利益来看，都不可能和日本达成妥协一致。中国在日本的大肆侵略和掠夺下，积贫积弱，但中国人民始终没有屈服。

在欧洲那一端，最大的事件便是1933年希特勒当上了德国总理，德国走上法西斯道路。欧洲列强之间的矛盾开始重新发酵。德国企图突破《凡尔赛和约》的限制，因此寻求美、英、法之外的大国的支持。

而在东亚，同样遭受经济危机打击并且受到孤立的日本，也出现了法西斯政权。相近的国际境遇和意识形态使日本和德国很快结成战略同盟。德日为了欺骗国际舆论，软化美英法的立场，宣称结盟仅仅是出于反对共产主义，同盟的协定也使用了《日德防共协定》的名称，但是，德日结盟的恶意昭彰，不可能蒙蔽英美等国。因为这个联盟对地缘政治格局的冲击，是清晰可见的。

日德结盟，形成了新的威慑力量，两国自然也会有所失。从日本方面说，失去了与美、英、法等国和解，以减轻经济危机影响的最后机会。而它的盟国德国，因贸易实力不足，难以走出欧洲，不可能帮助日本。日本和德国结盟，加剧了苏联对日本的敌对心态。苏联和日本仅一海相隔，并且与中国东北地区直接接壤，可以直接威胁日本在中国东北的利益，甚至威胁日本本土。日本并不能从德国获得生产原料、军工能源等补给，这使得掌握巨大物资能源的美国获得了战略优势。

这些因素使得日本在得到德国的全球战略策应的同时，也增添了独立支撑亚洲战局的压力。而德国，则引起了欧洲多国的高度戒备。

这样的国际形势，客观上缓解了中国的一些压力。蒋介石随即做了两件事：一是重启中苏关系。德日结盟后，苏联受到来自东西两线的威胁，比以往更需要中国的战略配合——牵制日本。如果中国对日投降，或者消极抵抗，无疑会刺激日本攻击苏联的野心。当然，那时苏联与中国改善关系，除了期望中国帮助其制衡日本之外，还试图夺取中东铁路等现实利益，这是当时的苏联霸权主义的一面。中苏合作对日，总体上平衡了亚洲局势，部分遏制了日本的侵略进程，但也留下了中苏关系不平等的隐患。

蒋介石重启中苏关系，也获得了美英等国的理解，因为那时苏联越来越强大，令美英法不能无视，必须承认苏联作为一支重要地缘政治力量的现实。因为英美与日本也存在矛盾，对英美来说，中国与苏联共同对抗日本也是合理的选择。

中苏关系重启，对日本的影响可以说是致命的。《中苏互不侵犯条约》签订后，苏联开始对中国提供大量军事援助。德国担心，由于中苏之间建立了军事关系，中国拒绝向德国提供生产军火所必要的稀有金属和矿物。所以，德国也开始向中国提供军事援助，这导致德日之间发生新的矛盾。本来，日本因孤立于美英和苏联，在侵略掠夺中国时，还有一个德国做朋友；而此时，日本感到陷入了彻底孤立的境地。

德国对中国提供军事援助，还极大地影响了美英的立场。美英担心中国利用德国和苏联的军事装备，不再依赖美英，于是也增加了对中国的支持。应当说，中苏关系重启并快速发展，撬动了整个世界形势。中国军民坚强不屈的抗日意志和奋斗牺牲，苏联的地缘政治价值，欧洲列强对中国利益的争夺，共同促成了有利于中国对日斗争的形势。

这个结果，首先归功于中国共产党的政治主张，在中共领导的抗日民族统一战线旗帜下，中国内部解决了至少是暂时解决了各种政治势力之间的纷争。没有这个大前提，民国政府不可能取得这样的外交胜利。在外部环境有所好转的形势下，如果中国内部纷争得到进一步化解，形成一种大和解的局面，则中国可以在国际交往中赢得更多主动权，有利于国家利益增长。

而蒋介石仍然坚持先“消灭中国共产党”才能一致对外的错误思想，同时，对内部待化解的其他矛盾也缺乏洞悉，继续指望靠计谋离间各派关系，靠军事打击剿灭异己力量，塑造自己的大统。他的这些自私伎俩，破坏抗日大局，激起各界强烈不满。

西安事变就是在这样的背景下爆发的。张学良、杨虎城二人向蒋介石发起兵谏，引起全球瞩目。对中国共产党来说，虽然在军事和经济实力上仍处弱势，但已是中国政治舞台上的重要角色，它发出的和平解决西安事变的呼吁，得到民众的大力赞赏。归根结底，是共产党处出于公心，一切为民族大义，一切为大众利益。如果没有共产党的支持，民国政府很难团结起全国各方面的力量。甚至在蒋介石权力体系内部，也有不少人开始质疑他的内外政策。

西安事变和平解决，形成了国共两党合作的新局面，也推动了中苏、中德关系快速发展，使日本陷入全面孤立。这一重大转折性事件，推动中国提前而不是推迟改善了外交局面。由此，蒋介石也被西方世界认为是中国无可争辩的政治领袖和军事统帅。

外交上陷入空前孤立的日本，因国内经济危机深重，试图以扩大对华侵略缓和并转嫁危机。日本于 1937 年发动全面侵华战争，不仅激起了中国军民的强烈反抗，也引发了美英等国的不满，这些国家迅速对日本发起制裁。

此时日本只有一条路：争取在短时间内全面控制中国，并争取获得美英等国的让步和谅解。否则，日本将走进四面楚歌的死局。

当日本 1931 年武力占领中国东北、扶植“伪满洲国”时，正值蒋介石政府推行“攘外必先安内”政策，其主要目标是消灭中国共产党和巩固其个人在国民党内的权威，相当于给日本发动侵略提供了“便利”。并且，美英等国陷入经济危机，以及被欧洲问题缚住手脚，没有采取实质性措施遏制日本。所以，日本没有付出太大代价便基本达成了侵略目标。

而 1937 年的形势已经完全改观。首先，从中国国内看，由于西安事变爆发及和平解决，国共两党决定搁置政治矛盾，成立抗日民族统一战线，举国抗日的政治条件已经成熟。日本全面侵华遭到中国军民殊死抵抗，其“三个月消灭中国”的计划彻底破产。日本不仅没有通过侵华获得支持战争所必需的工业原料和战略空间，而且经过长时间的战争消耗，造成战争物资、生活物资都严重短缺，其经济和政治两方面都不堪重负。

从国际情势看，日本全面侵华，激起了美英和苏联的强劲反弹。尤其是苏联，经过快马加鞭、意气风发的社会主义建设，已经成长为欧洲第一工业大国和军事强国，基于地缘政治考虑，积极向中国提供军事援助。同时，美国也强化了对日制裁，其石油禁运措施更是扼住了日本的咽喉。

此时广袤的中国大地，战火纷飞，纵横捭阖，成为国内外各种力量战略博弈的主战场。而博弈的关键点是中苏关系。经过几次重大战役，中国虽然仍处于战略上相对被动的一方，但日本距离它的战略意图越来越远了。日本面临的压力不仅来自中国主战场的战略态势，也来自美英对日本的制裁。当压力向极限挺进时，近乎绝望的日本军国主义核心层，只能发动珍珠港事件，以求突破。

在珍珠港事件爆发前，欧洲战场上，苏德战争已经爆发。虽然德国前期横扫了西欧，但处于西欧两端的英国和苏联并没有屈服德国的淫威。英国军队顽强抗击德军，在激烈的空战中生存了下来，迫使纳粹德国第一次在没有取胜的情况下宣布停战。苏德战争爆发后，德国最初凶悍无比，所向披靡，当他们来到严寒的莫斯科郊外时，不得不停下前进的脚步。德国军队第一次在东部战场遭遇溃败。三天后，日本偷袭珍珠港，把支持英国和苏联的美国拖入了战争，加速了日本的失败。

中国战场作为全球反法西斯战争的东方主战场，对于决定欧洲战场和太平洋战场的最终走向具有举足轻重的意义。中国战场一边影响着苏德战争，一边影响着美日太平洋战争。这是因为，中国战场对美苏作战具有特殊的战略价值，与纳粹德国作战的苏联需要中国，其在苏德战争中处境险恶，十分担心日本趁机向苏联远东地区发起进攻；如果中国能够歼灭日军有生力量，将减轻苏联在远东的压力，便于其集中力量应对强大的德国。对美国来说，如果中国牵制住日本主要的地面作战力量，使其不能将兵力投入到太平洋诸岛的战斗中，就可以减轻美国在太平洋战争的压力。

而且，中国战场加快了日本本已捉襟见肘的资源消耗，使日本始终不敢攻击苏联，而只能南下攻击东南亚弱小国家。因为，一旦日本攻打苏联，则需要消耗数倍于攻打东南亚小国的资源，其根本负担不起。如果中国不抵抗或者抵抗强度不足，很难牵制住日本。所以，中国战场的有利形势，为美国在太平洋战争初期，以有限的海空军力量周旋防御，争取到了开动机器进行大规模武器生产的时间，组织起源源不断的武器装备，从而最终压垮日本。

然而，中国抗日战争的意义绝不仅仅限于实体战场上。珍珠港事件之后，美英苏三个大国立即成立了人类历史上规模最大的战争同盟。基于中国战场共同抗击日本和影响苏德战场中的重要贡献，中国也成为这个最大的战争同盟的重要成员。此时，对中华民族而言，紧迫的、直接的挑战是尽快取得对日作战的胜利；而从长远谋略，却应该迅速开动脑筋，筹谋如何参与构建战后国际秩序。

可惜的是，那时的中国并无筹划和落实宏大国际战略的机遇，因为，虽然珍珠港事件爆发改变了全球战局，但人们还不能预见到同盟国什么时候可以胜利，甚至还不能确定苏联是否可以最终战胜德国，是否能够生存下去。直到珍珠港事件两年后，苏德战争和美日太平洋战争才出现决定性的大逆转，德国和日本由战略主动彻底转为战略被动。

中国能够以胜利者的姿态参与大同盟，既付出了相当巨大的代价，也收获了宝贵的战略成果。中国在东方主战场的战略是成功的，这主要体现在中国主要政治力量在民族危亡之时果断搁置了分歧，开展合力抗日的伟大斗争。从蒋介石方面说，认识到仅凭国民党军队，无法与强大得多的日本抗衡，必须与中共联合起来，共同抵抗日本侵略。但同时，蒋介石集团并不能预见抗战将以何种方式结束，在对抗日本侵略的同时，试图牺牲中共军队和非蒋系国民党军队，巩固蒋系势力，大搞军事投机和经济投机活动。

政治上的短视必将导致外交投机。起初，蒋介石将战胜日本的希望寄托于美英与日本爆发冲突。虽然这种想法具有一定合理性，但如果按照这个战略执行，很可能遭遇巨大失败。蒋介石的战略转折点体现在运作中苏关系和中德关系上，这超越了当时战略视野的历史局限性。中国争取到了德国的军事援助，让作为德国同盟者的日本难以理解，这从某种程度上导致了德国和日本难以共同攻击苏联。这就使苏联战略上更加安全。

蒋介石发展中苏关系的效果体现在西安事变后，那时，苏联承认蒋介石政权，并支持中国抗日。实际上，毛泽东多次表达了国共长期合作、共同抗日和建国的迫切愿望与诚意。随着中苏走近，美国也着力改善与中国的关系。经过中方争取和运作，最终获得了与美、英、苏结成同盟的大国地位。

中国争取到盟国地位，源于中国没有屈服强敌侵略，并促成了美国在太平洋战场参战。而中国盟国地位得以提升，则得益于美国对中国的需求日益扩大。这是全体中国人民团结起来一致抗日的必然结果。

当中国成为盟国之后，最重要的任务就是与美国、英国共同打击日本，压制并直至清除日本在太平洋战场的既得利益。国民党军队正面抵抗日军，以及出兵缅甸抗日，是近代以来中国军民抗击外来强暴、争取民族权益、参与国际协作的难得的亮点。

此时的中国，爆发出强大的团结战斗力量，并以自己的行动影响世界，摆脱清朝和民国初期那种甘受屈辱的形象。中国国际地位的这一转变，是中国人民经历了几近亡国的巨大风险、承受了难以承受的巨大凌辱，付出了史无前例的巨大民族牺牲换来的。中华民族树立起了面对强敌屹立不倒、坚强不屈的强劲形象。此时的中国不仅影响着战争的走向，还影响着战后秩序的重构。

中篇 国家角色的重塑

第二次世界大战结束后，付出了巨大生命和财产牺牲的中华民族，以坚不可摧的生存意志获得新生、赢得尊严，作为战胜国，中国与美国、苏联、英国比肩而坐。然而，中国人也深知，积贫积弱、国力民力分散、治理不佳仍是基本现实，中国远没有真正与美苏英比肩的综合国力和国际影响力。

抗日胜利是分水岭，是新起点，而不意味着大功告成。

冷战时期，中华民族经历了外部盟友背叛、内部分裂与反分裂斗争的磨砺，增强了必须加强内部团结的共识，从中华传统智慧中汲取力量，坚定走中国自己的路，推动构建大三角国际关系。新中国成立，标志着中华民族实现了空前的大团结，标志着中华民族的命运已经逆转。

冷战结束后，中华民族以博大开放的胸襟，采取积极主动的外交行动，求同存异，谋求与各方互惠合作。在20世纪80年代实现经济腾飞的同时，加快制度重构和文化更新，民族和国家现代化进程实现历史性大跨越。国力显著增强的中国，在国际上坚定反对强权政治和霸权主义，积极倡导构建公平公正的国际关系；在内部，坚定维护国家统一、民族团结，大力发展现代化经济、政治、文化和社会事业。

中苏关系之变

国际政治中几乎看不到维持现状的国家。

——约翰·米尔斯海默

抗战十四年，中国人民付出了巨大的牺牲，战胜了来自战争和非战争因素的严峻挑战。这个漫长过程，也是中国在现代国际秩序中不断提升自身地位的过程。那一时期的中国国家体系，是人民打碎了封建王权制度，凭着当时的思想认知，基于当时的客观条件摸索着建立起来的，与现代国家制度的实质和面貌是有较大距离的。但是，即便在那样的国家体系之下，我们这个民族，也把既有的物质条件用到了极致，并爆发出有史以来最顽强有力的精神力量，彻底打败了强大的敌人，洗刷了自鸦片战争以来蒙受的历史耻辱，可以和美英苏三大强国结盟，获得前所未有的国际尊重。中国人初步享有了应当享有的世界公民地位。

但是，国际关系中的丛林法则并未远去。中国作为战胜国之一，地理区位重要，而且人口众多、土地广袤，是各国必须重视的方面；但同时，中国无论政治社会制度，还是经济发展水平、规模，都处于弱势。所以，中国与其他战胜国之间，虽然在法理上是平等的，但心态上和实质上并不平等。主要表现在，当中国战场需要与其他战场协调时，比如中国战场何时宣布结束、何时宣布胜利，其他盟国是发挥主导作用的。

中国在战场上取得最终胜利，主要靠中国军民的顽强战斗和巨大牺牲，也靠盟国的支援，靠中国以外战场的策应。距离中国最近的同盟国就是苏联。

在中俄关系历史上，中国是遭遇过俄方掠夺的，但在反法西斯这场空前严峻而伟大的军事和政治斗争中，新时代的气息扑面而来。中国与苏联结盟，这本身也是在创造历史。然而，以往的历史与新的时代是相互衔接的，一些问题也是客观存在的，是不容回避的。苏联虽然进入了社会主义时期，但也承接了以往的掠夺果实，同时继承了一些霸权思维。从国际大局着眼，中苏要团结抵抗法西斯侵略，但在涉及两国之间的利益取舍问题上，苏方对中方压制的一面并没有太大改变。只不过，在新的国际形势和新的中苏关系中，苏方施压的路径和方式改变了。

按照历史唯物主义的观点，苏联承接了旧俄罗斯的土地、经济、社会、文化、军事等遗产，不可避免地受到旧俄罗斯文化的影响，必然带着基因的传承。显而易见，苏联作为一个新的政治经济实体，既体现社会主义制度新思想、新力量，也留有俄罗斯民族长期形成的向外扩张的特征。无论是传统政治因素、区域经济文化因素，还是民族交往因素、战略安全因素，都使得社会主义的苏联不可能完全摆脱旧俄罗斯对外扩张的影子。

这是事实，无须回避。但同时，中国等发展中国家构建公平、公正、民主的国际秩序的要求，已经历史性地凸显出来。在冷战结束后，这种努力就更加强烈起来。霸权与反霸权的斗争，贯穿于“二战”以后的历史。

回到“二战”时期，当时苏联为了确保东线安全，一方面希望中国牵制日本，防止日本从东翼进攻苏联，为此向中国提供军事援助；一方面希望稳住日本，采取了符合其自身利益的对日策略。苏联和日本签订《苏日中立条约》，事实上损害了中国的主权和利益，这说明中苏关系中存在着不平等不和谐因素。

虽然苏联有权基于自身战略需要作出决断，面对德国咄咄逼人的威胁，必须避免德日两面夹击的危险。但是，苏联搞这种平衡术，总体上是不利于中苏建立稳定关系的。

在珍珠港事件将美国拖入战争后，中国战场也迎来了重大转折。这时，中国主动减少了对苏联军事援助的要求，可能蒋介石已在考虑战后的地缘政治安排。

1943 年签署的《开罗宣言》，标志中国拥有了法理确认的世界大国地位，成为新的国际秩序的重要参与者之一。但中国在参与过程中，仍然要克服国力不强、国际影响力不高的困难。

当时，历史的阴影依然笼罩着新世界的构建进程。英国和苏联都还不能完全接受中国成为大国的现实。自鸦片战争以来，英国一直以世界强者自居，极为轻视被其打败的清朝。其对“二战”时中国的认知，仍然定格于清朝时的场景。苏联从战略直觉出发，并不能一下子接受贫弱的中国一下子强大起来。

因此，受此种意识驱动，苏联和英国采取了压制中国获得国际空间、提升国际影响力的措施。或者说，英国和苏联对中国采取压制措施，本身就是大国俱乐部博弈的正常做法，中国只需积极应对即可，而不必拘泥书本上的盟国概念。

1945 年，欧洲战事结束，雅尔塔会议召开。当时的苏联，凭借苏德战争胜利形成的巨大政治气势、国际威望和强大军力，提出了严重损害中国国家利益和民族尊严的条款。按照苏方的设想，苏联在中国东北拥有特权，蒙古国独立建国、彻底脱离中国，整个新疆地区纳入苏联的势力范围。显然，那时候的苏联是有强烈的地区霸权思维的。这当然是中国不能接受的。

那时，一个强大的苏联可以遏制日本在东亚称霸，但苏联本身也拥有霸权，甚至想扩大霸权。两者都给东亚安全带来威胁，都会侵害中国主权和利益。因此，打败法西斯军队与反对新霸权主义，事实上是相互交织在一起的。

在雅尔塔会议期间，中国国民政府据理力争，但效果有限，只能接受更强势大国的博弈结果。毫无疑问，雅尔塔体系主要是美国和苏联协商、博弈形成的，中国利益也体现在其中，但却是不充分的。弱国无外交，中国作为一个相对的弱国，只能在苏联和美国之间寻找平衡，既要维系和苏联的关系，也要与美国发展关系。

蒋介石领导的政府，未能理性处理中国内部政治势力的矛盾，导致内部分裂日益严重，加剧了国力衰弱的趋势。蒋介石政权顽固坚持“反共和剿共”，必然被外界所利用。苏联与国民政府谈判时，必然会涉及如何处理与国民政府和共产党的关系，从而增加了两国外交关系的复杂性。

确立雅尔塔体系，中国失去了不少利益，同时也获得了相对稳定的外部环境。这是弱国不得已接受的一个结局。随即，中苏相继就中国东北、新疆问题，就外蒙古问题达成协议，双方签订了《中苏友好同盟条约》。此时的中国，在新的利益平衡下，与苏联、美国建立起正常的国家关系。

在外界看来，中国迎来了一个外部环境稳定、可以推进国内建设的时代。但树欲静而风不止。1945 年 7 月，民国政府派出庞大的外交代表团抵达莫斯科谈判，而苏联提出要在中国东北享有一系列权益和特权。这令中国人倍感失望。

抗战胜利后，国内人心思定，希望建设更美好的生活。无论是执政的国民党，还是日益强大的共产党及其同盟力量，都有责任带领人民开展轰轰烈烈的经济建设、社会建设。但是，国共两党的政治分歧，特别是国家道路选择的分歧，最终导致了双方总冲突、大决战。历史的教训是，蒋介石作为执政党核心人物，没有从民族大义和国家整体利益出发，而是沿袭军阀内斗思维，破坏了民族团结，走向了历史的对立面。

1946 年的中国走到十字路口，国共两党是和平化解分歧，还是爆发一场内战？绝大多数国人都希望是前者，而不是后者。然而，中国到底向何处去，并不能完全按照人们的意志去发展。

国共两党的矛盾难以调和，这在雅尔塔体系建立时便已经注定了。因为，雅尔塔体系一经建立，就等于结束了美英和苏联之间的同盟关系，并且塑造了两方的间隙。虽然此时还不算是冷战，但可以说，冷战已发轫。

美国经“一战”“二战”建立起强大霸权力量，深刻地改变了世界政治版图。美国的思路是，除了美国自己所处的美洲，不允许世界任何一个地方有大国独享的霸权。早在美国首次介入欧洲事务时，就担心那里被一个大国独霸。“二战”后，德国垮掉了，欧亚大陆上最强大的政治经济主体就是苏联，而苏联的社会主义与美国的资本主义是完全不同的，甚至是对立的，美国必然对苏联严加防范。

事实上，早在 1919 年威尔逊当总统时，美国就主张与协约国共同出兵，企图用武力推翻苏维埃政权，并支持反苏维埃政权的各种势力。可以说，从那时起，就埋下了苏联与英美等资本主义强国对立的种子，为冷战开启定下了基调。

美苏分别成为第二次世界大战后最强大的国家，各自的历史渊源和现实利益诉求是存在巨大差异的，而这种差异导致的矛盾不可能通过雅尔塔体系来弥平。何况，战争结束往往会导致其他新老矛盾的“回潮”，这本就是事物发展的规律。

这时，美国在欧洲地区的一些单边行动，可能会触犯苏联的安全利益；苏联的一些单边行动，也可能触犯美国奉行的价值观或者安全利益。

自美国在美洲大陆上完成扩张后，便开始构建美国式的霸权扩张模式。其基本思路是，任何一个国家和地区都是美国资本和技术的潜在市场，美国天然可以并且应当从美国以外的地方获得尽量多的贸易机会和金融利益，以及用以支撑其庞大工农业体系和民众生活消费的各种资源。所以，美国寻求方便地进入其他国家，自由地从其他国家收获利益，那么，只要可以深度影响或控制该国政府，为我所用即可，一般情况下不必占领领土。当然，美国会根据需要在他国建立军事基地等，作为干预和介入手段。这就是美国的霸权模式。

俄罗斯民族则天然具有强烈的危机感，这导致其在很长的历史时期处于领土扩张状态。其越感到不安全，就越谋求扩张；越推进扩张，就越感到新增了安全威胁。那时的俄罗斯民族，在不断扩大版图的同时，也收获了与他国的隔阂和敌意。到了苏联时期，这种民族心态并没有完全改变。所以，苏联的战略就是，让有能力威胁苏联安全的国家远离自己，或者主动去削弱它。

每次大战后，战胜国都按照自己的期望安排新秩序，然而，除了拿破仑战争后梅特涅统治下的奥地利，似乎每个战胜国塑造新秩序的能力，都远逊于战场上打仗的能力。第二次世界大战后的世界秩序，既没有实现美国设想的集体安全，也没有实现苏联设想的相对安全，更没有实现英国设想的“日不落帝国”监管下的世界稳定。

战时的美英苏大同盟，为什么没有能延续到战后？这是因为，传统而现实的地缘政治因素并没有因为惨烈的大战而消失，英德、英法、英俄之间的海权与陆权之争，受到强烈地缘政治思想的催化，延续到了美苏之间。并且，美苏两国意识形态和社会制度的对立，超越了欧洲传统强国对抗的范畴，不仅涉及国际地位、治国者声誉、经济利益等问题，而且扩大到了两种不同社会制度的争夺。

美苏两国打败了共同的敌人法西斯后，一系列原有的、天然存在的矛盾爆发了：一是地缘政治矛盾，海陆大国相互争夺的历史版本再次上演；二是意识形态矛盾，政治和经济制度的理论基础、治理模式、主要现实诉求，存在价值观层面的对立；三是民族文化冲突，美国与苏联之间的文化差别，俨然是“一战”爆发前英国和德国的延续。

在欧洲，西欧秩序由美国主导，东欧秩序由苏联掌控。在东亚，美国占领了日本；而朝鲜半岛以北纬 38 度为界划分为南北两个国家，分别受美国、苏联影响。

而中国这一大片地区，尚未确定与谁更加亲近。当时，国民党政府受到美国支持，而苏联支持中国共产党。中国的政治取向，对美苏两国在欧亚大陆获得怎样的地缘政治优势，具有决定性作用。

美苏双方都在下力气影响中国内政的走向，但他们也不可能仅凭主观愿望，而是要做一系列评估、研判，并采取有利于自己的措施。于是，不同的价值观、不同的民族文化、不同的战略取向，必然投射到中国这片土地，并激起波澜。

此时苏联周边的环境是：西边是东西欧对峙，苏联掌控东欧，并建立了一定的战略纵深；东边是美国占领下的日本，南北分治的朝鲜半岛；南边一是新独立的蒙古国，实际上受苏联控制，二是中国。总体上，苏联建立起了有利的周边安全屏障。但从地缘安全形势看，其有两个软肋：一是东部缺乏出海口，无法在关键时刻掌握海上主动权。事实也证明，这种局面必然导致被动后果，如在希腊和土耳其问题上，苏联最后只能做出让步。二是没有原子弹，而美国有。

所以，苏联需要与中国建立友好关系。一方面，中苏之间存在漫长的边界线，两国友好可以给双方带来安全感。另一方面，苏联认为中国拥有漫长的海岸线，对于在大西洋和太平洋方向都缺乏海岸线的苏联来说，极具战略意义。

当时，苏联也做出了上中下三种策略准备：上策是中国共产党统一中国，成为苏联的小伙伴，就像东欧诸国与苏联的关系那样。中策是中国实行南北分治，中国共产党掌握北方政权，国民党掌握南方政权。下策是由国民党统一中国，即使国民党政权亲近美国，也要促使其与苏联友好。

苏联对中国采取怎样的实际行动，影响着中国的未来。而这又取决于苏联领导人的决策。如果要达成上策的最优结果，则中国必须由中国共产党完全掌权，国民党必须彻底退出中国政治舞台。那么，一旦出现这样的局面，美国又会怎么做？如果要达成中间结果，那么，国民党、共产党会相互妥协，接受国家分裂的局面吗？如果达成最差结果，由国民党执掌中国，美国能够允许国民党治下的中国在美苏之间长袖善舞吗？

我们无法揣测当时苏联方面的想法，但有利于苏联的目标只能是：未来的中国必须是对苏联友好的，至少不能是敌对的。后来的事实是，苏联采取了综合性政策：既站在国际法理的立场，承诺支持蒋介石统一中国，又帮助中国共产党谋求和巩固在中国的政治地位，制衡蒋介石。

苏联利用其在中国东北的优势地位，扩大对中国内部的影响。苏联出兵中国东北时，日本已经宣布无条件投降，但其继续进攻，加快占领地盘，其目的是确保苏联对中国未来政治局势的影响力。并且苏联提出，不允许美军进入中国东北。这就从实质上掌握了博弈的决定权：只要美军不进入东北，苏联便可非常容易地利用中国东北的交接来影响中国局势。

共产党领导层审时度势，以迅雷不及掩耳之势出兵东北，占据了有利地势，在国民党军事力量薄弱地带赢了一局。

从事物发展变化的本质上说，内因起决定作用，外因通过内因起作用。中国共产党军队迅速占领东北，取得绝对优势，是民心向背的结果，是中国共产党军事力量历经长征和抗战磨砺壮大的必然结果。苏联在中国内部事务上两边下注、谋求对其有利的局面，是外因；中国共产党审时度势，以解救民族危亡为己任，果断出兵东北，并谋求东北战役决胜，是内因。

换一个角度设想，如果当时没有苏联的支持，中国共产党在战后争夺战略制高点，塑造自己的战略优势，可能还有其他选择。但充分利用苏联支持这一点，是借力打力的最适当的选择。

也可以说，这是历史的安排。

东北局面的大逆转，使本来就失去互信的国共两党更加对立。共产党实力大增，无疑增加了与国民党对抗的底气；而本来就对共产党采取防范限制措施的国民党，则感受到共产党对其执政地位的重大威胁。于是，国民党决定发动内战，消除共产党带来的威胁。

苏联在中国东北采取的政策，助推中国共产党增强了军事力量，也增进了中国共产党对苏联的信任。国民党政权也强烈意识到，苏联对中国未来局势有着不可忽视的影响力。

苏联的东北政策也影响到美国的对华决策。美国是支持国民党的，看到东北局势发生变化，就加大了援助国民党的力度。为了迷惑公众，美国打起了调停国共双方冲突的旗号。中国共产党看到美国不公正的所谓“调停”，国民党则担心苏联援助共产党军队，要求美国提供更多援助。在这种形势下，国共两党之间原本就很低的那点信任迅速毁灭，到了难以恢复的地步。

苏联方面，也不希望因为中国问题而激化与美国的矛盾。因为 1949 年之前，美国的经济实力、常规军力都远超苏联，并且是唯一掌握原子弹技术的国家。如果苏联破坏了双方在中国的利益平衡，美国就可能在其他利益平衡问题上对苏抬高要价，尤其是在苏联最为关注的欧洲事务上。

尽管美苏两个大国都采取了看似平衡、实则有偏有倚的对华政策，但对中国政治走势起决定作用的，还是共产党和国民党这两支内部最大的政治力量。中国共产党代表着广大工人农民和知识分子的诉求，主张加强内部团结，改变国家落后面貌，摆脱外国势力干预，自然受到人民的拥护。国民党希望固守腐败政权，没有诚意与共产党等进步政治力量合作、一起建设联合政府，而是试图清除共产党这支政治力量，必然会遭到人民的反对。

抗日战争刚刚结束时，中国共产党的实力和威望虽然在快速上升，但在外界看来，仍不能确定共产党是唯一可以统筹中国各派力量、引领中国未来发展的国家主政者。所以，无论美国、苏联还是其他国家，都不可能推行指向一方的稳定政策，而注定会采取左右都下注并随着局势变化调整政策的做法。

于是，苏联不可能采取完全支持中国共产党的政策，美国也不可能采取完全支持国民党的策略。当某一方占有优势时，他们就会根据自己的需要和预判增减援助，政治表述也会发生一些改变。

苏联与美国不同，它毕竟是中国的最大邻国，其对中国局势的关注度必然强于美国。但由于苏联采取左右平衡的政策，导致共产党、国民党都不敢信任它。这也决定了苏联在未来中国外交格局中的基本定位：中国无论谁当政，都会视苏联为重要邻国，但对其的政治信任度都不会高。

从意识形态来说，共产党领导的中国与苏联更亲近一些，但仍难与其达成在国家整体安全上的信任关系。而如果国民党当政，鉴于美苏关系日益紧张并走向对抗，蒋介石会倾向于站在美国一边。虽然根据战略平衡需要，他不会对苏采取敌对措施，但他对苏联在蒙古国独立和中国东北移交等问题上带来的伤害，是记忆犹新的。这注定了，蒋介石领导的国民政府与苏联难以建立信任。一旦时机成熟，双方甚至有爆发冲突的可能。

美国不是天使

难道我们要逃避胜利的责任吗？……难道我们还要把这次大战前弥漫着的国际的不信任，重新又请出来？我们不能浪费这个胜利！

——马歇尔赴华调停前的演说，《时代》，1945 年 3 月 25 日

抗战胜利后，美国在中国外交中的地位远高于苏联。这是因为，当时美国鲜明地提出了一个符合中国人民愿望的调停目标：避免内战。和平的目标总是讨人喜的。

中国人自鸦片战争至抗战时期，长期处于被动挨打、内乱纷争之中。抗日战争取得胜利，大家对和平生活的渴望非常强烈。从知识分子到普通民众，无论哪个政治派别和行业的人，都希望国共两党放下历史积怨，化解政治分歧，携手带领国家走向和平。

美国作为强国出面调停，自然受到中国民众欢迎。美方委派罗斯福总统最为倚重的战将马歇尔作为调停代表，人们认为，美方重视调停工作，就是重视中国的国际地位。

美国也的确希望中国政权统一、秩序稳定，这有利于其开拓这个巨大的海外市场。美国希望通过调停，促使中国建立一个亲美的政府，让中国人尽量认同美国的价值观，最终实行与美国类似的政治经济制度。这是上策。

如果做不到，就取中策：让国共两党和平共处，先分治，后统一。即使中国不实行与美国类似的政治经济制度，那么也要确保建立一个不反对美国的中央政府。风险是，苏联利用中国分治扩大自身在华利益。

美国不希望看到的是：由中国共产党执政，建立一个与美国意识形态相对立的政权。

基于以上考虑，美国调停的设想是，首先避免国共发生武装冲突，一旦出现武装冲突要立即停止，从而为和平解决其他矛盾创造条件；然后是推动、必要时出面主持国共两党进行议题广泛、先易后难、先局部后整体的谈判，成立一个有广泛代表性的代议制政府；最后是两党交出军队，在国家名义下统一整编，即实现军队“国家化”。

应当说，美国这种设想是具备一定的现实条件的，如果国民党当局能够从民族大义出发，化解各派分歧，以政治包容心态构建有广泛代表性的政府，是有可能实现国内和平局面的。

不过，美国的调停有明显的偏向性。这是因为，国民党方面自恃主要承担了对日正面战场的作战任务，而且蒋介石政权长期亲近美国，在很大程度上接受美国的政治制度模式；相反，美国政界对共产党政权有天然的排斥，并且，当时他们对中国共产党的了解几乎是一片空白，甚至接受了一些对共产党妖魔化的说法。

从一定意义上讲，美国的调停既没有充分照顾到相对弱势的共产党，也没有充分照顾到虽然拥有执政地位，但对中国政局掌控力已经下降的国民党。如此，美国无法获得国共两党的信任。其在军队整编和政治安排上的设计，明显低估了操作过程中必然会遇到的复杂性。

美国调停最终失败了。

蒋介石从来没有放弃过对中国共产党进行军事扼杀的意图，他借着美国人的调停，积极准备战争。也可能，美国出面调停就是为了给蒋介石备战争取时间。蒋介石认为，国民党军队在正面战场抗击了日本强敌，既有历史功劳，又历练了军队，政治上军事上都远强于共产党；再加上美国提供的高端装备，可以轻松地歼灭中国共产党军队。

基于这种自信，蒋介石随后宣布，准备用三个月时间“戡乱建国”。

当蒋介石主动将小规模军事摩擦扩大为大规模武装冲突时，美国的选择是：支持蒋介石政府尽快完成“剿匪”，尽快按照美国的需要建立一个亲美的中国。

中国共产党从民族大义和人民福祉出发，不排斥蒋介石作为中国政府首脑，希望与国民党携手建立具有广泛代表性的民主联合政府。但蒋介石仍然下令包围中国共产党领导下的地区，调兵遣将，欲置中国共产党人于死地。共产党已不可能把和平和生存的希望寄托在美国调停上，而必须奋起反击。内战一触即发。

美国则面临这样一个结局：除非国民党赢得内战，否则，美国便会失去中国。

新中国是一个“定盘星”

盖太平洋之重心，即中国也。争太平洋之海权，即争中国之门户权耳。谁握此门户，则有此堂奥，有此宝藏也。人方以我为争，我岂能付之不知不问乎？

——孙中山，《太平洋问题序》

中国爆发内战，不仅因为中国内部存在不可调和的意识形态冲突、贫富阶级矛盾和政治权力斗争，还因为国际上存在美苏两国在意识形态、政治制度和地缘利益方面的激烈冲突。而此时的中国，成为世界上两个最强大国家博弈的重要筹码；争夺中国是它们决定各自战略走向的必要环节。

三年内战的结果是：中华民族分割为两个治理上相互隔离的部分，一个是中国大陆，一个是台湾岛。从 1949 年起，两岸分治的情况延续至今，中华民族虽获得了新生，但却呈现“大成若缺”的局面。内战结束后，由于经济政治社会创伤很重，大陆和台湾都需要外部支援，苏联和美国继续扮演着主要外部援手的角色。可以说，同属一个中国的大陆与台湾实行分治，正是美苏冷战在东亚地区的一个具体反映。

中国共产党在短短三年内，打败了被美国武装到牙齿的国民党军队，无疑让苏联方面感到意外。自己支持的政党取得重大军事胜利，苏联自然会有喜悦感、胜利感，而且，这意味着苏联的南边除了有刚刚独立的蒙古国，又多了一个庞大得多并具有共同意识形态的新中国。那么，苏联该如何对待这个新中国呢？新中国又将如何对待苏联呢？

共产党虽然得到了苏联的帮助支持，但胜利毕竟是中国军民浴血奋战、英勇牺牲，才赢得的。夺取全国胜利的共产党，必定会有强烈的独立意识。此时的苏联，如何与新中国相处，才能使双边关系既符合苏联战略利益，又不伤害中国的独立意识和自尊？这也是苏联需要认真思考的问题。想必，当时苏联方面，心中也是五味杂陈吧。

回顾抗战期间的中苏关系，苏联对中共的态度是极富戏剧性的。毛泽东作为中国共产党的主要创始人，在遵义会议确立其党的领袖地位之前，经常受到共产国际派驻中国代表的极力排挤；而排挤毛泽东，也就排挤掉了有利于中国共产党生存和发展的正确主张，从而使中国共产党走了许多弯路、经历了大量风险、遭遇了重大损失。而共产国际是苏联主导下的机构。回首往事，中国共产党人心中也是五味杂陈的。

在西安事变时，苏联和美国都谴责扣压蒋介石的张学良，但中国共产党支持张学良，并促成事件的和平解决，显露出独立处理政治难题的能力。但在国共内战爆发前，苏联政府明确表示支持国民党政权。苏联采取这种实用主义手法，客观上挤压了中国共产党的政治利益。即便如此，当时，中共承认自己是共产国际的一部分，也接受它的领导，这也是平衡各种因素的现实选择。中国共产党执掌全国政权后，中苏关系走向，自然会受到历史因素的影响，这是显而易见的。

1949 年夏天，国共两党的战局已定，中国共产党开始筹划建立新政权，需要得到苏联的帮助和指导，这对于巩固苏联“二战”后已经很高的国际威望是十分积极的。新中国成立不仅壮大了社会主义阵营，也导致国际格局发生重大变化。1949 年前的苏联，凡是与美西方发生矛盾时，总处于一种独木难支的态势中。而社会主义中国成立，壮大了社会主义阵营，也标志着美苏在中国土地上的较量有了有利于苏联的终局。这是“二战”结束后，美国首次在与苏斗争中遭遇失败。社会主义阵营越来越强大，增加了苏联与美国对抗的底气，也使冷战变得剧烈起来。

国民党败退台湾后，原蒋介石政府与苏联达成的一些协议，以及一些合作事项，必须由新中国接管或处理。其中重要的是，蒋介石政府与苏联政府合作处理的长春铁路等问题。

民国时期，蒋介石政府与苏联交涉长春铁路和外蒙古问题时，得到过美国支持，算是增加了一点外交博弈的筹码。而新中国与苏联交涉这两个问题时，是独立谈判的，得不到什么大国支持。面对当时苏联的霸道做法，中国处理这些问题十分艰难。

从当时的现实来看，处理这些问题不可能超越中苏两国关系的大势和大框架：苏联需要新中国发展壮大社会主义，并借此将共产主义意识形态向东南亚传播，增加对抗美国的筹码。而从战乱走来的新中国，经济建设上需要大量资金、资源和人才，还要继续投入军力解放全国领土。实现这些任务，新政权必须集中全部力量、周密安排，也需要苏联的友好支持。

显然，中苏力量对比及双方利益诉求的差异，给双方处理历史问题带来了掣肘。苏联为了自身整体利益，既要对新中国建设给予物质和精神支持，又要按照自己的需要影响中国，包括采取威慑措施。

1949年5月，国共内战大局已定，刘少奇率领中国共产党高级代表团，秘密抵达苏联，与斯大林讨论建国问题时，斯大林表现出少有的谦逊，甚至承认苏联当年指导中共革命犯过错误，做了含蓄的自我批评。但随后中方对相关历史问题提出方案时，对方以冷淡回应。

这又一次说明，中苏意识形态趋同，并不能改变地缘政治的本质。这是因为，意识形态和地缘政治是不能相互代替的，前者是政治理念，最终要融入一国的治理模式；后者是国家治理不可摆脱的、必须精心处置的重大基本要素，不管什么意识形态，都不可能挪移地缘政治因素。新中国成立后，必然要谋求周边环境稳定，必然要与制约国家发展的对抗因素做斗争。而有着扩张传统的苏联，在地缘安全和利益诉求上有基于自身利益的诉求，其一些要求直接碰撞新中国的安全底线。这就使得欧亚大陆的陆权争夺出现了新的潜在风险。一旦条件具备，这个“火药桶”便有可能爆发。

任何一组国家关系都是复杂的，中苏两国也不可能例外。特别是在“二战”后全球战略格局大重组的历史关头，很多历史矛盾继续发展，一些新的矛盾又冒出来。就地缘政治因素来说，其影响是长期的。中苏两国都是社会主义大国，但对于双方来说，“大国”二字的含义是不同的，中国是大而不强，苏联则是又大又强。双方在战略上互相需要，但这不等于心理上、利益上必然相互契合。

建立新中国，是中华民族走出积贫积弱局面、开启新时代的里程碑，生活在新中国的人们拾回了应有的民族自尊，拥有强烈的历史自豪感。毛泽东作为开国领袖，其独立、自强、勇敢的个人品质以及深厚的历史素养和哲学素养，为新中国“立于世界民族之林”这一历史命题增添了浓郁的中华优秀文化色彩。这些因素共同决定了，新中国不可能任人摆布，即便会因为一时困难而暂时妥协，甚至忍辱负重，但不可能改变中国人骨子里那种不屈不挠、坚持正义的精神品质。

新中国刚刚成立时，积贫积弱，国防军事体系尚属薄弱，陆权并不稳固。从地缘政治现实来看，新中国的经济建设需要苏联的大力援助；同时，新中国从安全利益考虑，经济上需要保持必要的独立性。就是说，中苏之间的经济合作，其实是与陆权安全走势有微妙关系的。于是，新中国学习和借鉴苏联工业化建设的经验和方法，并没有邯郸学步，没有完全按照苏方为中国设计的发展模式去走。如果新中国对苏联模式照搬照套，难免成为苏联的附庸。新中国保持独立性，可以在相当程度上平衡苏联在欧亚大陆东端的霸权欲望。

东亚的地缘政治现实决定了，必须同时取得海权和陆权的支配地位，才能主导地区秩序。东亚封贡体系崩塌后，拥有或可以获得陆权的国家包括：苏联、中国、日本、美国。其中，日本属于海岛国家，领土狭小，并且资源奇缺，其对近在咫尺的欧亚大陆东端的资源高度依赖。美国出于大规模扩大贸易的需要，既要巩固海权，也要扩张陆权。苏联和中国都是陆地大国，陆权决定着这两个国家的生死存亡。美国和日本不希望欧亚大陆东端出现一个独大的陆权力量。苏联和中国既要共同防范美国和日本的威胁，又要相互防止对方成为自身的威胁。这样的四者互动关系决定了一个现实：亚欧大陆的陆权由多个大国分享，其中难免出现矛盾。

现实是，苏联的国力越来越强大，冷战压力也越来越大，而苏联南方又出现了一个新的大国。虽然美国控制了战败的日本，但日本国土相对狭小，不足以抗衡中国和苏联的陆权。

如果没有新中国，那么，苏联就是历史上首个从北面包围欧亚大陆腹地的唯一强势主权。而新中国实行社会主义，并与苏联结盟，并且基本上解决了两国边界问题，苏联便没有理由再向南扩张。独立自主的新中国对于遏制东亚甚至整个欧亚大陆的霸权扩张具有重大作用。当新中国实现对新疆的有效管辖后，更加强了对苏联陆权的制衡。中苏同盟关系造就了并固化了这样一个事实：欧亚大陆不存在一个独霸力量。

在中苏同盟关系下，对苏联陆权的制约，不是中俄之间漫长的、横穿欧亚大陆腹地的边界线，而是中国掌控下的欧亚大陆东端漫长的海岸线。因为，如果一个超强的陆权同时掌握海岸线，陆权秩序就确定下来了。

中美关系也发生了重大改变，由民国时期的相对亲密关系转变为水火不相容的关系。这是因为，美国坚定反对共产主义、社会主义。可以说，美国是反苏联社会主义的总统领。在中国内战时，美国大力支持国民党，希望把中国共产党消灭掉。

尽管美国后来留了一手：如果共产党不被消灭，甚至力量有所壮大，就同时和国民党、共产党打交道。但形势变化还是有些突然：共产党军队在老百姓的支持下，摧枯拉朽般打败了国民党，新军队、新政党、新政权、新社会的声誉可谓如日中天。中国变天了。那时，美国没有做好与新中国打交道的准备，新中国也没有做好与美国打交道的准备。

美国有过试探和犹豫。在国民党迁都广州之后，美国驻华大使司徒雷登并没有离开南京，而准备摸摸共产党的情况，再决定怎么做；但是，美国的犹豫之态以及中间爆发的一系列事件，使中共认为美国仍然坚持反对和扼杀新中国的立场。而美国确有扼杀社会主义苏联的黑历史。所以，当司徒雷登离开中国后，新中国与美国之间就彻底断绝了官方往来。

新中国与苏联站在一起，双方签署了同盟条约。而以美国为首的西方国家阵营，是新中国与苏联共同的对手和敌人。

从全球战略和国家利益出发，新中国暂时抛开与苏联的历史积怨，并接受苏联的资金与物资援助，集中精力恢复经济、稳定社会、建设国家，是正确的历史抉择。那时，中苏度过了一段政治蜜月期。

中国的老大哥苏联没有让中国失望，于 1949 年 8 月成功引爆了第一颗原子弹，打破了美国的核垄断。这对新中国来说，是巨大的鼓舞，因为，这降低了美国对中国实施核讹诈的风险。但同时，中国也担忧，苏联可能利用核优势向中国索要更多利益，干预中国内部事务。当然，担忧是第二位的，高兴是第一位的。

苏联希望利用核威慑与美国平起平坐，与美国缓和关系。但美国并没有因为苏联引爆原子弹而向苏联让步。

在此前，欧洲爆发了第一次柏林危机，从 1948 年 6 月一直持续到 1949 年 5 月，虽然危机的双方——苏联和美、英、法最终没有走向武装冲突，而是通过谈判化解矛盾，但危机加深了双方的敌意。美国不相信苏联有缓和关系的意愿，反而认为苏联处处拆美国的台。所以，苏联引爆原子弹反而令美国高度紧张，从而加剧了冷战局势。

在苏联引爆原子弹后不久，新中国宣告成立，这意味着社会主义阵营得到巩固和扩大，进一步加剧了美国的紧张情绪。于是，美国拒绝承认新中国，而继续把蒋介石及其残余势力作为所谓的“盟友”，给予各种支持。

由于美国的对华政策，中国大陆与台湾地区形成分治局面。虽然蒋介石总要强努丹田气喊几句“反攻大陆”，但他和他的伙伴作为败退之人早已士气低落、心不在焉，他们寄希望于美国保住台湾，给他们留一块栖息之地。

共产党领导的新中国政权得到了社会各界的真心拥护，解放军战斗力如有神助，不仅横扫国民党军队出大陆，而且，在没有足够海军力量的情况下，一举解放了海南岛。当时军威大振，按照计划，解放军就要武力攻打台湾了。

而此时美国的当局，不甘心在中国问题上输给苏联，试图扳回一局。台湾岛上的国民党残部成了美国的一颗棋子。美国认为，台湾岛孤悬于欧亚大陆东南端，如果控制了它，不仅仅可以制约新中国和苏联，而且可制约日本，向南甚至可以辐射到东南亚。当时，美国已经控制了日本和东南亚一些岛屿，如果再加上台湾，则其在西太平洋上的军力部署就可以连成一个完美的弧线。这成为美国推动全球冷战的一条军事生命线。后来的历史证明，美方屡屡凭借这条“线”搅乱地区安宁，持续谋求地区霸权。

如果在美苏冷战开始时，中美两国就建立正常的国家关系，苏联的安全处境就会大不一样，美苏安全博弈的天平将是另一种样貌。甚至，亚洲地区的一些冲突根本不会发生。

而如果当时中国实现了完全统一，并且美国与中国保持敌对关系，那么，整个太平洋战略格局将会颠覆：一方面，为了应对美国的海上侵略和军力竞争，新中国必须大力发展海军；另一方面，为了对抗苏联和中国，美国将利用日本这个拳头，放手让日本发展海上军力。

当然，历史也不能完全靠推演，如果当时中国实现了完全统一，也会存在多种可能性。我们现在分析的，是基于 1949 年两岸分治、中国未完全实现统一的地缘政治条件和背景，以及由此引发的一系列政治、军事后果。

显然，中华民族的治乱合分对世界格局的影响是深刻而广泛的。如果新中国完全实现了统一，那么，中、苏、美在亚洲的利益对比格局就是另外一种场景了：陆权方面，中国更加主动，相对于苏联的安全优势更大一些；海权方面，中国战略前沿也大大南移；美国和苏联相对于中国的战略压力就大大降低了。

对于美苏而言，此时的中华民族如果太强大，则不利于他们争夺和扩大东亚利益；如果中华民族太弱小，很可能被他们中的一方所控制，而使另一方处于相对弱势。所以说，台湾问题的形成为美苏争夺亚洲霸权提供了“支点”。这正如战后的德国，分为东德和西德，分别由苏联和西方国家控制；如果东西德当时就合并了，则美苏冲突可能更加剧烈。可以说，美苏冷战的走势，在欧洲地缘政治中主要看德国，而在亚洲地缘政治中主要看中国。

另一个支点是朝鲜半岛。美国武力介入朝鲜半岛事务，为其维持海上霸主地位提供了支点，也为其拓展全球市场提供了保障。而在抗美援朝结束后，新中国也必须全力开展经济建设和国防建设，提升国家整体实力，在地缘政治格局中谋求自身安全利益。如此，朝鲜半岛的安全局势就呈现新的特征，即聚集了更多国家的共同利益。

值得反思的是，冷战因意识形态而起，因地缘政治而加剧和升温，但意识形态的作用被过分放大了。虽然新中国赢得了抗美援朝战争，并且在60年代拥有了原子弹，在第三世界国家中享有极高的威望，但由于西方阵营极力封锁，延缓了中国经济发展的进程。而海峡对面的台湾，受到美国及其盟国的支持，经济实现了腾飞。蒋介石受此鼓舞，还一度试图“反攻大陆”。

中共十一届三中全会后，中国实施改革开放，加快发展经济，大幅度提升国际贸易规模；美国等西方国家为了走出经济滞涨困境，纾解资本过剩压力，急欲拓展新的市场，主动发展对华投资和贸易。在这种背景下，中国靠体制改革启动内部市场动力，充分利用较好的外部环境，创造了连续三十多年经济高增长的奇迹。中国改革开放是伴随思想解放开启的一场生产关系大调整，把经济、民生问题还原为经济、民生问题。事实上，思想解放不仅是对中国而言的，也是对美国等西方国家而言的：中国发展经济，需要西方发达国家的资金和技术；美国等西方国家摆脱资本过剩和滞涨压力，需要开拓中国市场。双方都需要摆脱冷战带给经济的巨大压力。因此，双方采取的经济合作举措，体现了双方对地缘政治问题的理性认识，即降低意识形态之争的烈度，谋求实际经济利益。

从冷战历史来看，冷战制造了意识形态认知鸿沟，也导致了全球范围在经济、民生领域的割裂；而冷战双方为巩固自身地位，过度地将意识形态领域的分歧与经济社会领域的问题挂钩，加剧了全球范围在经济、民生领域的割裂。这个因果关系放在中华民族生存和发展的大框架里，也是适用的。

抗美援朝立国威

如果最聪明的人们在世界上企图与我们寻找进行这场该死的战争的最糟糕的地点的话，无论从政治上和还是从军事上考虑，都会无一例外地选中朝鲜。

——美国前国务卿迪安·艾奇逊

新中国成立之初，中心任务是保障人民革命的胜利成果，实现和巩固国家的完全独立，为全面恢复建设争取有利的国际条件与和平的国际环境。中国不希望卷入任何战争。

朝鲜战争爆发后，中国保家卫国、抗美援朝，其中蕴含着两点历史启示：一是战争必然给经济社会发展带来破坏，要努力把战争造成的损失降到最低。为此，要抓住最佳战机。虽然战争从来不是一本简单的经济账，但有一点很清楚，如果这场战争不是在建国初期打响打赢，而是延后数年，很可能影响随后的大规模经济建设，晚打的破坏性可能更大一些。二是从消除战争威胁的角度看，如果中国不打这一仗，即使美国满足于只占领朝鲜半岛而不是全岛，其军事介入也会给新中国带来极大的战略威胁。

20 世纪 50 年代的中国，东北、西北两大地区背靠苏联这个社会主义的盟友。东北是发展先进工业、制造业的基地，具有重要经济命脉的功能；西北虽有新疆分裂势力不断生事，但由于党中央采取了坚决而又灵活的斗争策略，基本上保证了该地区稳定；西南方向，由于印度刚刚脱离英国殖民体系不久，中印两国在西藏问题上的矛盾尚未凸显，安全形势总体是稳定的。东部和东南部是战略安全的焦点，美国基于意识形态、地缘政治等多种因素考虑，营造了对新中国的海上封锁链。美国对台湾提供各种支持，阻挠新中国统一台湾。

朝鲜战争爆发后，使得新中国同时面对东北、东南两个方向的严重威胁。如果不在东北遏制住美国的威胁，那么，新中国发展现代工业的“根据地”就会被美国炮火所覆盖，甚至被摧毁。一旦发生这种情况，历代中央政府所倚重的主要税赋重地（江浙沪），也会受到来自东南方向的威胁。盘踞在台湾的蒋介石集团一定会利用这个机会反攻大陆。而且，如果东北面临美国军力威胁，不排除苏联利用这个机会，对中国采取大国沙文主义政策，谋求特殊利益。这样，新中国的整体安全形势将恶化。所以，新中国在50年代，不仅要在东南方向维护领海、领空安全，还要面对其他方向的安全威胁。当东北方向出现紧迫的安全危机时，毛泽东等中央领导人果断决定出国作战，抗美援朝，坚决遏止了美国的战略前推，保证了国家战略安全和整体稳定。

新中国成立所产生的地缘政治效应，远远超越了中国本土，对朝鲜半岛等亚洲诸多区域都产生了深刻影响。

“二战”结束后，朝鲜半岛从日本殖民统治下解放出来，半岛人民盼望建立统一的国家。但在美苏争霸形势下，朝鲜半岛走向南北分治——以三八线为界，分别成立了大韩民国和朝鲜民主主义人民共和国。这不是半岛人民自己的选择，而是美苏争霸和冷战的产物。所以，三八线两侧的人们都不肯放弃统一的目标，从 1949 年 1 月至 1950 年 6 月，双方在三八线附近发生 2000 多次摩擦。终于，在 1950 年 6 月 25 日爆发了大规模武装冲突。在美军介入、中朝军民付出巨大牺牲后，战争的双方通过谈判，达成停战协定，以南北维持三八线分界为终点。

对于朝鲜战争爆发的直接诱因，特别是哪一方先开火，有各种各样的分析。随着苏联有关档案解密，有关分析又多起来。但我们认为，这种探究对于分析朝鲜战争的地缘政治诱因和战后影响并不具有决定性意义，因为美苏争霸导致朝鲜半岛分治，本身就埋下了冲突的种子。而朝鲜半岛人民谋求半岛统一是合理的和正义的，阻碍破坏半岛统一的力量则是另有所图。

随着美军及其纠集的所谓“联合国军”介入半岛冲突，战争超越了半岛人民的范畴。促使战局逆转的，是 1950 年 9 月 15 日美军仁川登陆。10 月 1 日，美军不顾中方多次警告，悍然越过三八线，并于 19 日占领平壤。麦克阿瑟居然声称：“在历史上，鸭绿江并不是中朝两国截然划分的、不可逾越的障碍。”美方并派军机侵入中国领空，轰炸丹东地区，把战火烧到鸭绿江边。

无论是朝鲜半岛南北双方的内战，还是对美国纠集所谓“联合国军”介入半岛冲突，中苏两国都不可能袖手旁观。何况，即便是内战，也会对东亚局势和美、苏、中关系产生巨大影响。中苏如何介入半岛战争，双方都费了一些心思。当然，这些决策也是快速的，因为事态紧急，必须当断则断。方向是，既要避免新的世界大战，又要遏制美国的军事霸权。无疑，这也是对中苏联盟的重大考验。

美方坚称，是朝鲜违反了以三八线为界南北分治的协议，并且认为朝鲜的进攻得到了苏联的支持，所以，美国出兵攻打朝鲜军队、保护韩国领土是合理的。更深层次的动因是，美国出兵展现其遏制能力，是其领导西欧联盟和美日同盟的基础。

然而，美国纠集所谓“联合国军”出兵朝鲜半岛，导致战争升级，直至在中美之间引爆战争，属于霸权行径，导致的危害是巨大的。至今，很多史学家、军事学家都在质疑美军“仁川登陆”的正当性。美国的行动也说明，其对东亚局势的骤然变化感到恐慌。冷战开始后，仅仅三年间，苏联就掌握了原子弹技术，新中国宣告成立。美国于是担心社会主义阵营迅速扩大，而苏联极力推动这一变化。

不可否认，苏联当然希望周边出现更多的社会主义国家，这样就可以壮大志同道合的阵营，称雄欧亚大陆。但是，美国认为苏联有能力向外输出意识形态，并借以提升地缘政治优势，而且是有计划地推进这个进程，则是高估苏联了。其实，苏联方面期待的模式是借力打力、顺水推舟，增加对美施压的筹码，并不寻求打破美苏在欧洲和亚洲的均势。

从冷战初期的大局和苏联的现实处境来讲，朝鲜战争不可能是苏方主动策动的，至少，苏方不会将战争作为解决朝鲜半岛问题的首选方式。苏联谋求东亚优势，是以不过分刺激美国为前提的。

中国对朝鲜半岛稳定的期待，远甚于苏联。中国当然乐见朝鲜半岛成为社会主义国家，因为无论就地缘政治还是意识形态而言，这样的前景对新中国都是有利的。但新中国刚刚成立，更为急迫的任务是恢复经济、建设国家，抓紧攻打盘踞台湾的国民党残部，统一全中国。这都需要一个相对和平的环境。所以，新中国断然反对周边发生战争，更不希望周边发生大国强力介入的战争。

朝鲜半岛战争之所以爆发，是半岛小战不断、外部干预不断升温的必然结果。历史上，大国博弈导致小国遭殃的例子很多。同样，小国爆发冲突也可能导致大国之间更大的冲突。因为，大国小国之间的利益是相互渗透的，大国之间的利益平衡是需要调节的。

“一战”和“二战”爆发，导火索都来自小国（“一战”是波斯尼亚的萨拉热窝，“二战”是捷克斯洛伐克的苏台德），但根源都是大国博弈的结果。“二战”爆发前，刚刚强大起来的德国吞并了奥地利和捷克斯洛伐克的苏台德地区，其他国家对此采取绥靖政策，使德国的野心越来越大，导致了更大范围的军事冲突。

朝鲜战争爆发前，中国在战略上只盯美国和苏联就可以了。而朝鲜战争爆发后，中国不得不关注半岛南北双方内在的矛盾。朝鲜战争对新中国的影响，相当于中国正准备修自家房子，邻家却发生了火灾，只好先帮助邻居灭火。邻居那里灭了火，才能修自家的房子，同时也要帮邻居修房子。所以，朝鲜半岛战争带来的一系列连锁损失是显而易见的，但中国有能力去灭火、最终灭了火，也树立了威信。

朝鲜战争也冲击到苏联的既定战略。从冷战走势而言，苏联缓和对美关系的意愿更加强烈，因为美国一直错误地认为中国是苏联进行意识形态扩张的工具，这种误读并不利于苏方利益。朝鲜战争爆发，事实上加剧了美国对苏联的疑虑。美国认为，如果朝鲜半岛实现统一，苏联必将进一步扩张在亚太的势力，最终不得不打世界大战。可以说，美国向朝鲜出兵，在很大程度上是为了压制苏联。

朝鲜战争的过程无须赘述，美国、中国、苏联等都从各自立场做了描述和阐释，形成了官方意见。但有一点必须注意：人们关于冷战缓和的期盼落空了。在朝鲜战争结束后不久，美国便重新武装西德，将西德纳入北约军事体系，从欧洲方向上强化了对苏联的压制。这就迫使苏联不得不接招，采取对等的对抗举措。

同时，站在苏方角度看，新中国通过抗美援朝树立了国威，极大地提高了民族自信，事实上降低了苏联在这一地区的影响力。朝鲜战争后，苏联不得不面对一个独立性更强的新中国。

可以说，朝鲜战争既是中美正面相撞之战，也是新中国摆脱大国制约、实现战略主动的发轫之战。

朝鲜战争使新中国成为在欧亚大陆东端的一个强大陆权国家，在太平洋西端的一个潜在的强大海权国家。所以，从此，苏联、美国都加强了对中国的防范。苏联的防范之策，是通过加强对中国的经济援助，提升对中国决策的影响力，于是，派出顾问帮助中国开展科技研发和大项目建设。美国的防范之策，则是利用海权，在军事上威慑中国，并且通过支持台湾国民党政权遏制中国。

美国通过朝鲜战争强化了全球海洋霸权，它不仅在欧洲周边主要海域上取得绝对优势，又利用朝鲜战争在台湾海峡部署海军第七舰队，强化了对太平洋岛屿链的控制。至此，美国彻底完成了对世界各大海洋和关键海域的控制。需要说明的是，那时美国并不把东亚地区作为自己全球战略的重心，维持现状即可，欧洲才是其战略重心，目的是压制苏联。

此时的中华民族，被一道浅浅的海峡阻断了统一。这不符合中华民族的愿望，也不是毛泽东和蒋介石的本意，而是当时国际战略博弈在中国国土上的投射，反映了当时意识形态对立、地缘政治对抗的现实。那时的人们，信奉非黑即白的价值观，认为与自己信仰不同的人就是敌人。中华民族从弱到强、乍强还弱，怎能不受这种大趋势的影响呢？

朝鲜战争突然爆发，而美国军事干预又将更多方面卷入其中。战争给所有参与方都造成了巨大损失。因此，当朝鲜停战协定签订的时候，所有人都认为是一种解脱。

但朝鲜战争的后遗症是无法解脱的。直到今天，东亚局势和世界局势仍然受到朝鲜战争后遗症的影响。

“二战”结束后，全球冷战开启，而朝鲜战争加剧了冷战。具体表现，一是美国进一步武装西德，在欧洲方向加强军事和意识形态对抗；二是中美在西太平洋领域开始军事对峙，加剧双方的敌对状态。

新中国成立后，根据美苏争霸的现实，采取一边倒（即中国要站在以苏联为首的世界和平民主战线一边，共同反对帝国主义侵略，维护世界和平）的外交政策，但这并不意味着中方关闭中美两国建立正常外交关系的大门，中方要求美方承认新中国的国际法理地位。中方的要求是正当的，但美方却继续承认国民党政权，对新中国采取孤立、封锁政策。美国的霸权无理行径，在国际上制造了一种荒唐混乱的局面，即中国共产党领导的中华人民共和国，国民党残部顶着的“中华民国”这个空头名号，都可以在国际上代表中国，但又都不能获得普遍性认可。美国试图制造“两个中国”事态。

美国这样做，必然促使中国与苏联结盟。

本来，中国和苏联都不想和美国发生正面冲突，但是美国重兵出击，介入朝鲜战争，必然激化中国和苏联对美的敌意。如果美国将战线限制在三八线以南，可能不会导致全面激化矛盾的局面。新中国迅速派出大规模军队入朝作战，完全是美国错误的政策导致的。

国际社会“弱肉强食”的丛林法则从来没有远去。战争也是赢得尊重和地位的手段。中国军民在朝鲜战争中打出了军威、国威，获得国际社会广泛尊重。正如毛泽东所说，打得一拳开，免得百拳来。同时，朝鲜战争之后，美国利用台湾问题制约、牵制中国的意图和行动也加剧了。这严重干扰了中华民族发展海权的进程。如此，解决钓鱼岛问题、南海问题的难度都增加了。今天，中华民族走向复兴，就必须突破海权的局限，必须实现两岸统一。

可以想见，在新中国实现国家完全统一，扩大海权后，仍然会受制于美国这一超级海权力量，但毕竟，中国海权的战略前沿向南拓展了，可以形成一定优势。中国在西太平洋地区形成陆权海权优势，有利于全球战略平衡，对亚洲乃至世界的安定和平是有利的。

在 1953 年签署朝鲜半岛停战协定后，中国立即实施了国民经济发展的第一个五年计划。内战结束又衔接上抗美援朝，压抑了人们对和平和建设的渴望，所以，建设进程一开始，人们的热情一下子爆发了，第一个五年计划推进得非常顺利。但这种急剧爆发的能量和欠账后的大发展，也影响到新中国在经济发展上的决策，即过于相信人定胜天的力量。1957 年前后的“大跃进”，与此不无关系。假使不爆发朝鲜战争，新中国的建设热潮可以提前三年，也可以更从容一些。

中国抗美援朝，军事开支必然加大，而新中国的建设又被迫延迟，中国不得不向苏联借债。对苏负债增加不仅加重了自身经济负担，还使苏联有了更多制约中国的筹码。苏联利用债权和技术、物资援助等对中国施压，提出一些不合理的要价。同时，中苏在意识形态方面发生论战。这两方面原因导致双方最终走向决裂。

朝鲜战争还导致一个损害中国主权的后果：美国开始正式对台湾提供军事援助，并且在台湾驻军。美国声称以这种方式保护蒋介石政权，其实是为了实质性控制台湾。而美国这种霸权行径，自然激起中国反抗，也引起苏联不满，增加了冲突风险。

可见，中国战略地位的提升成为影响美苏冷战走势的一个新的变量。

一方面，抗美援朝教训了美国人，美国在亚洲发动战争冲动有所收敛。另一方面，美国借朝鲜战争之机，在韩国和中国台湾驻军，打破美苏当初达成的默契，给亚太秩序稳定带来冲击。

但事情总是两面的，新的战略平衡也促使一些地缘政治关系出现缓和势头。一个突出的变化，是日本获得了经营与周边大国关系的契机。朝鲜战争期间，日本利用美国的安全保护，集中精力发展科技和经济，获得了难得的和平发展红利。半岛停战后，苏联为了减轻外部压力，希望缓和与美国的关系，寻求与日本建立正常外交关系，美国也给予积极回应。而日本无论从经贸角度还是安全角度，也需要实现与苏联关系的正常化。

从美国角度看，允许日本与苏联发展正常外交关系，并掌控日苏关系的节奏，可以强化日本在美国全球战略中的角色地位，增强美国在远东遏制苏联的能力。从苏联角度看，与日本实现关系正常化，可以在美日之间打进一个楔子，并影响美国与西欧盟国的关系，起到分化瓦解美国阵营的作用。

日本向美国表示，发展日苏关系决不影响美日关系。在北方四岛（俄称“南千岛群岛”）问题上，日本按照美国的要求，让苏联把四岛主权一并归还日本。苏联主动提出先归还两岛，日本不答应。日本这么做，可以满足国内人民的心理诉求，还可以在国际上树立日本走向正常国家的形象。

对美国方面，日本可以满足其美日关系永远高于苏日关系的心理诉求；对苏联方面，日本可以利用北方四岛问题，防止苏联分化美日关系。

朝鲜战争导致中美对峙，中日两国也延续敌对状态，失去了和解的历史机遇。同时，中日之间的海洋归属和部分岛屿争端，也因为美国因素，不可能通过谈判加以解决。所以，在历史问题和现实矛盾面前，中日关系处于冰冻期。

台海危机

所谓“台海危机”原本指的是可能引发东西方再度“热战”的军事冲突，就中国而言，第一次台海危机属于解放战争的延续，只是因为考虑冷战的因素，且其间又有对方外交斡旋，使得危机后期处理更像是一场外交战。

——汪小平，《美国对台政策的起源与演变》（1941—1960），社会科学文献出版社 2014 年版

中国打赢了抗美援朝战争，极大改变了新中国的安全局势，并且，也给国际关系走向缓和创造了条件。经历了抗美援朝战争，中国人更加深刻认识到，中国不能将自己的命运寄托在美苏博弈上，要靠自己赢得国际地位和维护国家安全。

在美苏关系紧张之际，中国的力量对于双方决策具有非常重要的制约作用。美国不敢再轻视中国，从而降低了中国的安全压力；虽然美国继续把台湾作为遏制中国的一张牌，但美国也明白，胜负并非由美国决定。苏联则依靠中国分散来自美国的压力。

而在美苏关系相对缓和时，中国的战略地位就会下降。甚至，美苏双方会牺牲中国利益以换取于己有利的态势。

历史记忆总是教人警醒：日俄战争时、雅尔塔协议时、中国

内战时，俄国（苏联）都曾为自身战略利益而损害中国利益。毛泽东对苏联人的不信任，因斯大林逝世而逐步公开化。当赫鲁晓夫上台，并力促美苏关系走向缓和时，中方担心美苏合在一起损害中国利益。原因是，美方长期推动承认所谓的“中华民国”，支持蒋介石的代表窃据中国在联合国的席位。如果苏联在这个问题上默许美国立场，将对中国利益造成重大侵害。

从大逻辑来看，美苏关系缓和会使台湾海峡两岸都减轻安全压力，两岸可以在缓和的环境下发展经济、改善民生。但美国的对华政策，始终是一个“头脑分裂”的政策，实质是遏制中国的政策。1953 年 11 月，美国国务卿杜勒斯在一次记者招待会上公然声称，“有可能由共产党中国参加联合国大会，而由国民党中国参加安全理事会。”他这样说，很可能是试探中方的底线，但是性质极其恶劣，是制造“两个中国”。统一的中华民族、统一的中国，正是两岸中国人都坚守的民族大义，是不可动摇的。

此时，中方面临两种选择：一是，支持赫鲁晓夫推动的三和政策，主动为美苏缓和关系创造条件，增强自身在美苏博弈中的分量。二是，利用美苏缓和关系之机，增强和扩大本国的利益。而两岸关系是一个重要的着力点。

1954 年，美国和台湾签订所谓美台共同防御条约。此时，中国采取何种反制手段，既敲打美苏，又掌握主动，需要大智大勇。

毛泽东从战略大局着眼，决定采取行动，对美苏施加压力。1958 年 8 月 23 日，解放军决定炮击金门，也被称为第三次台海危机。这是新中国在朝鲜战争之后，首次主动出手，巩固自身安全态势，这也是对新中国军事实力的一次极限测试。

如果大陆不主动对台湾采取行动，那么，美国很可能变本加厉支持蒋介石。炮击金门塑造了两岸的相对均势，在当时是有利于中国发展战略全局的，因为局势稳定就是红利。

我们无法确切地知道，炮击金门与随后发生在欧洲的第二次柏林危机，存在多大程度的联系，是不是有必然联系。但可以肯定，如果没有炮击金门事件，美苏缓和关系的进程很可能加快。

在美方拒绝了赫鲁晓夫缓和双方关系的提议后，欧洲的第二次柏林危机爆发了。

与苏联怎么打交道

现在俄国取代了蒙古帝国，它对芬兰、斯堪的纳维亚、波兰、土耳其、波斯、印度和中国的压力取代了草原人的向外出击。

——哈·麦金德，《历史的地理枢纽》

解放军炮击金门后，中苏之间长期积累的矛盾公开化，双方展开政治论战，并发生武装冲突。

当初苏联主动向美方提议缓和双边关系，也许有争取时间，追赶美国核技术的考虑，不过，这也反映出苏联对抗美国的底气有所不足。这一点，被毛泽东敏锐地捕捉到了。

中美之间的博弈，也出现新动向。美国通过两次台海危机得出结论：虽然大陆希望拿下台湾，但无论从军事上，还是从心理上都缺乏足够的力量准备。特别是在军事上，大陆没有足够的海空军力量与美国军力相抗衡。

朝鲜战争后，中美双方都在避免正面相撞。而解放军炮击金门后，中美正面相撞的概率降为零，双方都把冲突限制在有限范围内。在大陆倡导和平统一后，美国也开始约束台湾方面，包括限制台湾发展渡海进攻能力。美国没有鼓励蒋介石采取过激的反击措施，而是采取对等措施。大陆也没有攻打金门或者马祖。海峡两岸维持内战状态，同时又不加剧冲突，符合两岸利益。

金门炮战爆发不久，赫鲁晓夫要么是想在欧洲增加对美压力，要么是想通过增加对美压力迫使西方接受缓和倡议，要么是两者兼而有之。为了分化欧美关系，苏联发动了第二次柏林危机。欧美两方的确在应对危机时产生了分歧，但这种分歧并没有影响到他们对苏联采取统一行动。苏联反而遭到了进一步的孤立。

第二次柏林危机促进了欧洲内部的团结。例如，西德和法国启动了历史和解进程。团结的欧洲使美国多了一个经济上的竞争对手，但在政治和军事上，欧洲与美国继续保持一致。之所以如此，与苏联有关核报复的表态有关。

当初，苏联匆忙决定与美国缓和关系，没有考虑新中国的利益和感受，从而失去了中国的信任，苏联最终也没有赢得美方的好感。中国处于两个大国博弈漩涡的边缘，独立自主采取措施，坚决维护自身权益。

按下葫芦浮起瓢。新中国在处理与美苏关系的同时，与印度的矛盾也爆发了。

因为历史的原因，印度和中国获得独立后，划界问题一直没有完全解决。1959 年，也就是炮击金门的第二年，中苏矛盾开始激化。印度认为，中国与美苏两国的矛盾同时爆发，正是解决中印边界矛盾的最佳时机。于是，印度加快蚕食中国西南领土，中印矛盾激化。

按一般策略而论，一个弱势之国，不应当同时与两个超级大国碰撞。然而，在特定时刻，这样考虑问题很可能是僵化的，甚至是错误的，因为导致战略格局变化的因素稍纵即逝，拥有大智慧的人才能敏锐地抓住它。在冷战时期，“弱肉强食”的丛林法则仍然奏效，而且很奏效。中国先在朝鲜与美国正面相撞，后与苏联在外交博弈中正面相撞，这并不是说中国多么好斗，而是因为中国作为弱势一方，为避免自身利益被舔食，在关键时刻不得不争，而且要用巧力、打巧仗。

历史反复证明，强国之间达成妥协，往往以牺牲弱国为代价。波兰因俄普谈判被三次瓜分，欧洲因美苏冷战导致分裂，伊朗因英俄之争被切割占领，等等。

新中国炮击金门之举，表明主政者面对强大的对手，既有谋，也有勇。

如果新中国不对美苏两国侵蚀中国利益做出反抗，不打出独立自主的旗帜，那么在 60 年代，美苏必将对中国施加更大的压力，迫使中国出让各种利益。虽然美苏向中国索取利益的次序会有先后，但只要中国软弱，终究逃不过一次次伤害。中国抗击两个超级大国的欺凌霸道行为，使它们难以达成妥协。中国成为平衡美苏关系的重要变量。50 年代，苏联需要联合中国对抗美国；60 年代，美国陷入越南战争后，又需要联合中国制衡苏联。这一时期的中国，综合国力虽然还不够强大，但独立自主的外交政策已经成型，政治影响力增强了。

新中国同时受到美苏孤立，从 1959 年便开始了。这一年的 8 月，中印边界东段、西段相继发生军事冲突，苏联便偏袒印度。而那时，美国开始在台湾大量驻军。虽然面临三个方向的压力，但新中国经历了抗美援朝战争和遏制两个霸权国家“合流”斗争之后，已经充分显示了独立的战略博弈能力，在国际社会站稳了脚跟。印度虽然凭借苏联的支持不断侵扰中国，但其只算是一个麻烦制造者，并不能对新中国产生致命威胁。

美苏虽然同时对中国施压，但由于中国坚守底线，积极运筹，这种压力的损害被控制在一定范围内。当时，中苏矛盾已经公开，但苏联也明白，若对华施压导致中苏关系严重失衡，将美国的压力直接拉到苏联身边，还不如让中国充当地缘缓冲地带。美国已经在台湾占据优势，如果再鼓动台湾反攻大陆，也将导致中美关系失衡，可能引发苏联反制。所以，中国不仅在美苏博弈中保持了战略定力，谋求战略主动，还通过实践提升了自身制衡能力。

苏联挑起第二次柏林危机后，美国和欧洲并没有退让。这迫使苏联面临着两个选择：一是继续向美国和欧洲施加压力。这无疑是一步险棋。二是对美国和西欧让步，尽快结束紧张局势。而这无疑是缓和政策的失败。赫鲁晓夫最终选择了冒险。古巴导弹危机便是在这种情况下发生的。

古巴导弹危机最大的失败者是苏联，苏联在失去中国的支持后，急需与美国达成新的平衡，于是决定对美增加压力。在这种心态驱使下，赫鲁晓夫采取冒险行动。危机确实制造成功了，但自己并没有从中得到好处，反而弄得灰头土脸。

1960 年，为了报复和压制中国，苏联从中国撤走全部技术专家，中断关键设备的供应，中止所有协定和合同。1962 年，在北京举行的《中苏友好同盟互助条约》纪念会上，苏联驻华大使甚至表示，面对潜在敌人可能的进攻，苏联仅向同苏联保持“友好”的社会主义国家提供援助。这一直率发言，说明苏联既想维持中苏同盟，又想对中国施加更大压力，让中国听从苏联的安排。当时正值中国遭遇三年自然灾害的困难时期（1959 年至 1961 年），苏联人如此作为，无疑是乘人之危之举。而此时的中国，如果继续“服从”苏联安排，把苏联的战略当作自己的战略，则不仅意味着中国在苏联人面前丢脸，而且意味着在世界上丢脸。中国领导人断然决定，坚决回击苏联的霸权行径，坚持走独立自主、自力更生的道路。

于是，苏联采取了更为恶劣的做法：在中国新疆境内策动暴乱，并胁迫6万多中国公民越境逃往苏联，制造事端。诸多行为不仅给中国造成巨大政治和外交压力，更使中国蒙受巨大的经济损失。

苏联这样做，伤害了中国人民感情，严重破坏了中国国家安全。这时，苏联变成了中国的敌人。

印度的试探

印度以它现在所处的地位，是不能在世界上扮演二等角色的，要么做一个有声有色的大国，要么就销声匿迹，中间地位不能打动我，我也不相信中间地位是可能的。

——贾瓦哈拉尔·尼赫鲁，《印度的发现》

中国与印度的关系具有两面性。印度是第一个与新中国建交的非社会主义国家。在朝鲜战争期间，印度也是少数支持朝鲜统一的非社会主义阵营国家。

另一方面，中印之间的领土争端由来已久。印度独立之前和之后，都侵占过中国领土。在新中国成立后，中印边界争端继续发酵。这些争端的源头是，英国对印度殖民统治时期，侵占了中国西藏大片领土；印度独立后，无视西藏地方政府和中华民国政府的强烈抗议，对英国殖民遗产全盘继承，并进一步将占领区向麦克马洪线以南地区推进。新中国成立后，当然希望解决这些问题。

20 世纪 50 年代前半期，基于美苏争霸的大背景，中印总体上保持友好关系。但在新中国成立后，印度趁中国国内百废待兴，特别是全心投入抗美援朝之机，不断对于中国领土进行蚕食。

1954年，印度加速侵占中国土地，导致两国边界冲突加剧。印度几乎把传统习惯线与“麦克马洪线”之间的大部分中国领土都占领了，还设立了所谓“东北边境特区”等行政管辖机构或据点。

1959年3月22日，尼赫鲁公然要求中国将双方有争议的12.5万平方公里的领土全部划归印度。6月，印度又单方面把“麦克马洪线”中段西藏香客的朝圣地马及墩南面的小村庄朗久划入“麦克马洪线”以南，侵占马及墩以东的塔马顿、克节朗河地区的兼则马尼和塔格拉山口。

印度不断侵占中国领土，战争已不可避免。8月和10月，双方先后展开了朗久和空喀山口两次小规模的军事冲突。最终酿成了1962年的对印自卫反击战。

当时，苏联采取了偏袒印度的立场，不仅给予印度金钱和武器援助，还在各种场合散布损害中国利益的言论。10月2日，赫鲁晓夫居然蛮不讲理地向中国领导人表示：“我不管是谁进攻，反正印度人死得多，就是中国的不对。”1962年10月，苏联甚至表示要帮助印度发展核能，对中国施加威胁。

印度与中国陆地接壤超过1700公里，是外部势力挑拨地区冲突的一张大牌。除了苏联的偏袒，中印开战后，美国也向印度提供金钱和武器。而在此之前，美印关系是冷淡的。美方之所以在此时改变对印政策，无非是想利用印度遏制中国。艾森豪威尔甚至认为，美国适时地扶持印度，可以在世界范围内树立一个可以取代中国的具有吸引力的发展模式。

美苏一唱一和，鼓励印度侵略中国，试图迫使中国让出自己的利益。1962年10月21日，美国甚至露骨地声称：印度的任何请求都将获得美国同情的考虑，同时诬称中国自卫反击是“侵略”。

在美苏支持下，原本就有扩张梦的印度领导人，忘了印度被侵略和殖民的历史伤痛，反而以英属印度殖民地的继承者自居，试图接替殖民者、霸占中国的这些土地。尼赫鲁的狂妄，加上美苏怂恿，导致了印度在中印边境上的军事和政治冒进。

不过，即便有英美两个大国支持，但印度毕竟高估了自己的实力，所以，从战争一开始就注定了其失败的命运。

打仗要靠军队，而印度军队与中国军队相比，有根本性的差异：中国军队是由久经考验、出生入死的钢铁战士组成的，是“枪杆子里出政权”的理论锻造的，是打出了一个新中国的；而印度军队，本质上是英属殖民地时代的仆从军，这些军人虽然也有丰富的战斗经验，但没有打硬仗和恶仗的经历，因为印度独立的过程，是极具印度特色的“非暴力不合作”，印度军人在此过程中虽有过流血、斗争，但大多数是妥协和退让。印度军队在1959年之前，根本没与大国交过手，而中国则战胜了以美国为首的所谓“联合国军”。

显然，印度军队在中国军队面前，是很难取胜的。1962年，中国刚刚遭遇了三年自然灾害，同时苏联撤走各种支援，并在中国北部边境屯兵威胁。由于当时经济很弱，中国军队的后勤补给远不如印军，但中国军人几乎在没有遭遇惨烈之战的情况下，击败了战前极为嚣张狂妄的印军。

此战之后，印度方面虽然嘴上说绝不服气，但再也没有挑衅中国的底气和胆量。正如毛泽东在战后所说：“这次打了一个军事政治仗，或者叫政治军事仗。”

中美打破坚冰

我们必须不断寻求机会与她谈谈，也与苏联谈谈。我们必须不只注意是否发生了变化，我们也必须找机会制造变化。（这里的“她”系指中国）

——尼克松，1968 年 9 月获得总统候选人提名后接受采访时说

在亚洲，从抗美援朝开始，台海地区爆发两次危机，中印之间爆发一次局部战争；在欧洲，发生两次柏林危机；在美洲，爆发了一次几乎使全世界陷入核战争的古巴导弹危机。

美国把中国列为其在亚洲的主要对手，而把苏联列为其在欧洲的主要对手。美国的这一认识和基于这一认识的对华策略，导致中美关系处于冰冻状态。

在亚洲阻止共产主义运动，是美国的首选策略。当 1954 年 3 月越南人民军取得奠边府战役大捷，迫使法国接受失败、退出殖民统治后，美国为了遏止所谓的共产主义“多米诺骨牌”效应，于 1955 年 2 月直接派军队进入越南，支持南越政权攻打越南北部。美国试图以此举阻止共产主义意识形态的影响。

1955 年 11 月越南战争爆发后，美国军队赖在越南不走，从中国南部边境威胁中国。但此次中美军力的冲撞与朝鲜战争不同，中美双方都不想直接交战。越南战场形势发生了不利于美国

的变化：美国支持的南方军队节节败退。美国从消灭共产主义的立场出发，向越南投入越来越多的军力。于是，越南北部政权请求苏联和中国加大军事援助，中苏两国给予了积极回应。

美国支持越南内战的做法不得人心，越南全境掀起了轰轰烈烈的反侵略运动。受此鼓舞，越南人民军和南方民族解放武装两股力量，汇聚为反美、反侵略的强大洪流，本质上改变了南北政权军事冲突的性质，形成了越南大多数军民反抗美军的局面。1968 年 10 月美军宣布停战，从 1969 年开始撤军，标志美国战败。虽然直到 1975 年，美军才真正撤离干净，但这已属于战争的尾巴了。这期间，美苏继续展开了一轮博弈。

虽然中苏都向战争中的越南北部政权以及统一后的越南社会主义政权提供了军事援助，并且这种支援都符合各自的国家利益，但当时中苏同盟已经破裂，所以，中苏支援具有一定的竞争性质，是分头进行的。

当时，苏联处在好大喜功的狂热当中，不仅威胁中国边界安全，而且威胁美国的全球战略利益。所以，美国认为，中国介入越南战争反而利于美国，并且希望中国借此牵制苏联。事实上，中、苏、美在越战中的角色，确实是基于不同利益诉求，并且构成了一个相互缠绕的关系。

越南战争结束，标志美国霸权退出了该地区。

1969 年 3 月，中苏爆发珍宝岛之战时，中苏关系发生了本质上的改变。美国立即站到了中国一边。美国这样做，也是为了减轻自己在越南战争中的压力，便于与苏联谈出一个有利的停战方案。

正是基于共同遏制苏联霸权的立场，中国和美国开始了秘密沟通。1971年7月9日，基辛格由巴基斯坦转道秘密访华。1972年2月，尼克松正式访华，中美开启了关系正常化进程。这表明，中国政府的独立自主外交和维护国家安全的斗争取得了成果。美国朝野认识到了长期孤立中国的危险，不合时宜的对华政策客观上违背了美国的国家利益。

中国与美国关系正常化，虽然不可能化解所有外部威胁，但完全可以制衡苏联。更重要的是，由于美国是冷战阵营另一边的霸主，如果中美关系改善，就会带动其他西方国家与中国改善关系。

苏联看似从美国在越战中的失败获利颇丰，但因其称霸的链条太长，到此时已经达到了获利的顶点，到了该还账的时候了。一是，中国与美国建立外交关系，很可能影响到越南的外交取向，这将动摇苏联领导的社会主义阵营；二是，苏联的老对手美国虽然有些颓废，但当中国站到其一边，就可以稳住亚洲局面，集中力量在欧洲展开冷战攻势，这必然增加了苏联西部的压力。

在尼克松时期，美国对苏联的遏制战略看起来有所缓和，但这不是根本性逆转，而是由单纯的地缘政治和军事对抗调整为政治、军事和经济多种手段协同对抗。

中美实现关系正常化后，中国的战略安全状态得到改善，但安全关切并未从根本上得到解决。一方面，双方意识形态分歧并没有消除，也不可能消除。另一方面，美国继续向台湾提供各种支持，为台湾回归祖国制造障碍。

自台湾实现经济腾飞以来，岛内民众自信心爆棚，对大陆社会主义制度的妖魔化认识成为主流，价值观鸿沟叠加经济发展水平的鸿沟，导致中国统一的进程越来越不可预测。虽然军事冲突风险大为缓解，但两岸对立局面依旧。究竟以何种方式实现两岸统一，因缺少谈判沟通的积累，无法形成稳定预期。

从中苏关系来说，中美关系改善固然有助于中国缓和来自苏方的压力，但并不能立即导致苏联实质性减少对中国的军事威胁。更为重要的是，中国周边一些小国仍然随美苏两国的行动起舞，继续影响中国的战略处境。比如，越南方面认为，中国与美国发展关系违背了意识形态原则，于是越南倒向了苏联。

纵观历史，20 世纪 70 年代，一代伟人推动中国与美国实现关系正常化，给中美双方都带来了巨大利益。同时，中美关系正常化也使中美双方都多了一层相互约束，即两国在西太平洋地区事务中，要采取合作的态度。这有利于缓和地区局势和全球局势，有利于世界的和平稳定。

中日邦交正常化

夫轻重强弱之形，诸侯合则强，孤则弱。

——《管子·霸言》

日本在战后与美国结成盟国，其外交战略紧紧追随美国。所以，当中国与美国关系正常化后，中日关系正常化便成为必然。当然，既然美国与中国发展关系是现实主义之举，日本与中国发展关系就不可能超越现实主义。

日本在战后实现了经济腾飞，亟须拓展国际市场，而人口众多、土地辽阔的中国是其输出商品和资本的难得的地方；而经济发展落后的中国，也需要引进日本的资金、先进技术和企业管理经验。从日本方面说，发展中日关系，需要正视并反思对外侵略的罪恶历史，明确坚持和平发展道路，向中国寻求历史和解。从中国方面讲，发展中日关系有利于双边合作和地区稳定。

但新时期中日关系究竟该如何设计安排，是需要探索的。法德在战后通过成立“煤钢联合体”，以共同的经济纽带和发展平台推动民族和解。但中日显然不容易走到这一步，而是先要在政治上解决好中日、中美、美日这三组关系，并促进中日双方历史心结的解封。

1972 年 2 月尼克松刚刚访华，日本便迫不及待地启动了与中国的商谈。1972 年 9 月，时任首相田中角荣访华，并签署了建立外交关系的联合声明。值得注意的是，田中角荣此前公开宣称："中国是日本的邻国，有两千多年的悠久的交往关系。日本受到中国文化的哺育，这是一个不以人们意志为转移的事实。"这样的表态无疑有利于中日实现外交关系正常化。加之中美关系涉及的问题相对复杂，所以中美正式建交晚于中日。

中国与日本实现邦交正常化，符合双方共同利益。对日本而言，其战略安全和周边经济合作环境则大为改观。

中日双方为了尽快实现正常外交关系，并为经济合作打开大门，搁置了一些海洋权益和岛屿主权争议。由于地理位置便利，日本与中国开展经济合作，可以拓展市场规模，实现国内产值迅速扩张。日本在 20 世纪七八十年代经济规模和外贸市场迅速扩大，甚至威胁到了美国的全球经济霸主地位，与日本周边环境改善，便利其对外输出资本、技术有直接关系。

日本与中、苏关系正常化后，作为"正常国家"的地位快速上升。除了经济快速增长，也借助经济实力增强发展军事装备和自卫队建制。至 20 世纪 80 年代，日本突破和平宪法规定的国防费用不超过国内生产总值 1%的限制。一方面，是日本向美国争取到了政策上的"松绑"，去掉了对战败国的一些约束；另一方面，不排除美国借日本与中、苏建立外交关系，顺水推舟，增强日本抗衡中苏的力量。总之，到冷战结束前，作为经济巨人的日本在一定程度上已经成长为世界大国了。

新中国的苦恼

世界历史可以总结为：当一个国家强大的时候，它并不总是公正的。而当它试图去变得公正时，它就不再强大。

——丘吉尔

1975年、1976年蒋介石、毛泽东先后逝世，标志着中华民族一个历史时代结束了。

在中国从半殖民地半封建社会走向现代化的历史进程中，分属于各阶层、各群体的人民或主动或被动地融汇其中，毛泽东和蒋介石的身上承载了太多的历史风云和时光印记。他们所代表的社会力量之间的聚合与纷争、成功与失败，以及他们走过的这段时光，既是历史过程，也是历史结果。

中国共产党人带领人民建立新中国，不断巩固经济社会文化发展成果，开辟中华民族伟大复兴的光明前景。而蒋介石带领国民党残部据守台湾岛，并与美国勾结，阻止两岸统一，留下一片残局。

两位历史人物逝世时，台湾地区因抓住了前期产业升级的机遇，经济和科技都实现了较快发展，在经济上形成了竞争优势。大陆则进入了改革开放的前夜，一轮最初尚难以确认，随后持续了三十多年的高速经济增长周期即将启动。

台湾地区与大陆的经济体量差距悬殊，经济发展以及安全环境也有很大差异，因此不能简单做比较。但分析两者的经济发展路径，可以帮助我们深入地认识历史，立足历史沉淀观照未来。

有人指出，台湾地区在六七十年代实现经济快速发展，是因为蒋介石前期从大陆带走了大量黄金和人才，并且，台湾得到美国的保护和支持。这当然是重要的因素，但也不是全部因素。蒋介石带着国民党残部退守台湾，痛定思痛，下决心改善民生，积攒实力以对抗大陆，也是重要因素。

蒋介石在台湾的经济社会改革，是与全岛军事化管制相互配合的。蒋介石退守台湾后，利用战败之机统一了国民党内部的思想，便于统一决策。国民党作为台湾岛的一个外来党，如果不把经济搞上去，就会失去这个立足点。于是，国民党推动了土地改革、发展轻工业、实施进口替代、大规模基建、扩大对外贸易等步骤，释放了岛内生产力。另外，从国民党退守到岛内之日起，就和美、英、日等国保持正常关系，其贸易活动都是融入国际市场的。需要指出的是，在冷战状况下，美国“帮助”台湾发展经济，目的是支持台湾制约大陆。

国民党作为一个外来党，与经历了五十年日本殖民的台湾民众有天然的隔阂，要想稳固自身统治地位，就必须进行自我改造，而且必须拿出经济发展的实绩来。在经济社会管理上，也必须在精英层面引入适当的民主参与机制。这样，国民党才能在台湾站稳脚跟。

而在大陆这边，经过新中国成立初期的社会主义改造和建设，不仅国家治理、社会治理体系焕然一新，而且建立起独立完整的工业体系，一些重大工程、重大项目相继建成实施，科技研发体系也逐步建立起来。但在人民热情高涨地投入经济建设和憧憬更美好生活的时刻，由于内外复杂因素的影响，1966 年开始了“文革”运动，并且持续了十年之久。这场运动给中国社会带来巨大创伤，严重延缓了中国现代化进程。1978 年，中共十一届三中全会开启改革开放进程，扭转了中国这艘巨轮的航向，不仅经济加速恢复增长，而且在社会、文化等各方面也快速转型发展，取得了令人瞩目的成绩。可以说，改革开放早期的经济社会大发展，具有一定的补课性质。在国家治理逐步恢复并进入正轨后，中国的现代化道路越走越宽，越走越稳。

历史的确充满了玄妙，但更多的是必然。国共两位政治强人相继离去，国内外形势也发生了重大变化，和平与发展成为时代主题，经济建设和贸易交流成为主旋律。

看待中国“文革”时期这段历史，要把“文革”这场政治运动，与“文革”时期经济社会发展的进程特别是广大干部群众的奋斗历史区别开来。从政治运动来看，“文革”导致了思想混乱、党政部门内斗、教育文化失序，很多精英人物和普通人因政治斗争受到身心伤害，有的甚至失去生命。这种持续的大规模政治运动必然对经济社会发展造成严重损失，是明显错误的，也是悲剧性的。

但也必须清醒看到，在当时的国内外环境下，广大人民群众是满怀朴素热情建设国家、追求更好生活的，是不甘遭受霸权主义欺辱的。轰轰烈烈的社会主义建设的洪流，在很大程度上遏制了“文革”的破坏力。

中国大陆从 1952 年开启大规模经济建设，到 1978 年改革开放前，在能源、钢铁、建材、机械制造、化工、交通、国防工业建设等方面都取得了重要成就，建立起了独立的、门类齐全的工业体系，并在许多领域进入世界先进行列。即使在“文革”时期，这些建设也没有停顿，甚至还实现了一些重大突破，比如：1965 年我国在世界上第一次人工合成结晶胰岛素，该成果于 1966 年在国际上发布；1967 年我国自主研制的第一枚地对地中程导弹成功发射，第一颗氢弹爆炸成功，第一台新型晶体管大型通用电子计算机 109 丙机研制成功；1968 年我国自行设计的南京长江大桥建成通车，我国第一艘万吨巨轮“东风”号下水；1969 年我国进行了第一次地下核试验，自行设计的第一艘万吨级油轮制造成功，自行设计的第一条地铁建成；1970 年，我国研制的第一颗人造地球卫星发射成功；1971 年我国自行设计的第一艘导弹驱逐舰制造成功，自行设计的第一艘两万吨级货轮“长风”号制造成功；1972 年我国自主研制的自升式海洋石油钻井平台制造成功，强 5 核武器运载机制造成功并装备部队；1973 年我国第一台百万次集成电路计算机研制成功；1974 年我国自主研制的第一艘核潜艇装备部队（此前于 1971 年 8 月首次出海进行航行试验并成功），风庆号万吨货轮下水；1975 年我国自主设计的第一条电气化铁路宝成铁路建成；1976 年高速大型通用集成电路电子计算机研制成功，历时 4 年的 6011 米深井钻探成功，第一艘五万吨级远洋油轮“西湖号”在大连下水。

“文革”作为政治运动带来巨大的破坏性，是悲剧性的，对此必须有严肃而深刻的认识。但“文革”时期，在广大干部群众努力奋斗下，中国在经济、科技、民生等领域取得的一系列成就，也应当肯定。要区分作为政治运动的“文革”和“文革”时期取得的经济社会发展成绩。

“文革”以内斗内耗的形态示人，表明政治决策上出现严重问题，但也与中国外部环境的极端复杂性有关，是内外因素共同作用的结果。那时，新中国所处的国际背景是这样的：在冷战大棋盘中，社会主义中国该如何与美国和西欧国家打交道？对方又如何对待中国？中国该在多大程度上与苏联保持一致？中国的利益边界在哪里？中苏在结盟的情况下，是否还会发生刀兵之争，发生后该怎么办？中国北有苏联“既亲又压”，东有美日同盟、美韩同盟政治军事施压，东南有美国支持的台湾分割而治，南有印度侵略边境，还有法国争夺越南、继而美苏争霸越南。

“文革”的混乱给国民经济和社会发展带来严重冲击，停止内乱是民心所向。1976 年，一代伟人离世，“四人帮”被逮捕，彻底结束了“文革”，中华民族终于走上了健康稳定的繁荣发展大路。

从地缘政治角度而言，中国（大陆和台湾）处在全球主要大国利益交汇的中心位置，而且人口众多、市场潜力巨大、战略纵深广阔。对于冷战的两大主角美苏而言，谁能在中国获得优势，谁就能占得先机。而这种地缘政治争夺是与意识形态争夺相互叠加的。只有经历了持续冷战带来的伤痛，人们才能主动摆脱意识形态的过度束缚，在地缘政治和意识形态之间确立新的平衡。

中国的改革开放史，与地缘政治和意识形态实现新平衡是相辅相成的，而非仅是各国开展经济上的一维合作所能阐释。新中国自 1949 年以来，面对各种压力和挑战，坚持独立自主的发展道路，维护了国家主权和领土完整，抵制和粉碎了霸权侵略，是难能可贵的。

20 世纪六七十年代，中国历经朝鲜战争、中印边境自卫反击战、两次台海危机，显示了独立自主开展外交、有勇有谋进行斗争的大智慧。1971 年开始，仍处于“文革”中的中国，根据形势变化调整政策，与冷战的另一方缓和关系，重新塑造中、美、苏大三角国际关系，展现了一代伟人的远见卓识。

通过主动运筹，中国在大国关系中的制衡作用逐步增强。其他大国从地缘政治现实出发，逐步增强了对中国独立自主外交政策和斗争艺术的心理认同。

在 1969 年 3 月中苏珍宝岛武装冲突后，中日、中美相继就建交问题展开谈判，1972 年中美开启双方关系正常化进程，中日实现邦交正常化。1971 年 10 月，中国恢复在联合国的合法席位，在国际交往中独立自主办事的底气更足了。国际社会从中国对美、对苏态度的变化，看到了中国的务实态度和灵活手法，对中国作为国际社会成员的认知大为改观。这一时期，中国陆续和加拿大、奥地利、墨西哥、巴西、马来西亚、土耳其等数十个国家建立了外交关系。

中国既是不可忽视的政治力量，也是不可忽视的经济力量。这正是改革开放时代的大背景。

事实上，在 1978 年正式宣布改革开放前，我国对外交往和经贸合作就已经开启了新阶段。1972 年以后，毛泽东、周恩来多次批准相关合作报告，随后引进了化肥、化纤、石油化工、轧钢、电站、综合采煤机、彩色显像管成套技术设备等，相继建立了一大批现代化工厂。同时，对外贸易也迅速发展起来。1973 年底，同我国有贸易关系的国家和地区增加到 150 多个，其中 50 多个国家同我国签订了贸易协议。1975 年我国对外贸易总额达到 147.51 亿美元，是 1970 年的 3.22 倍。

中国大陆大范围、系统性的改革开放之路，将随着政治上的调整轰轰烈烈地展开。而此时的台湾，因蒋介石去世，进入了蒋经国时代。

在全球范围的冷战即将结束之际，两岸关系也进入一个搁置意识形态之争、开启良性互动的新时期。

全球大三角

人们不总是默许这种没完没了的均势“四对舞”。

——A. J. P. 泰勒，《争夺欧洲霸权的斗争》

中美关系之变，最终带动了美苏关系缓和。20 世纪 70 年代整整十年间，美苏之间没有发生类似柏林危机和古巴导弹危机的事件。美苏之间进行了密集谈判，尤其是启动了一系列军控和裁军谈判。

苏联也对中国做出缓和姿态，与中国展开对话沟通。1979 年秋，双方就《中苏友好同盟互助条约》是否续约进行了谈判。美国的盟友如日本等国对中国的态度也缓和下来。这样，中国东部的地缘矛盾如中日海洋划界和岛屿主权争议问题等，都降温了。在这种形势下，台湾海峡局势也相对平静许多。

不过，在美苏“弱争霸”形势下，亚太区域也不时爆发地缘冲突，中国被迫卷入其中。为了回应苏联方面的挑衅，1979 年中方决定，《中苏友好同盟互助条约》期满后不再延长。同时，中国打了一场对越自卫反击战。

中美苏大三角关系形成，标志全球大国博弈进入新的阶段：不仅是两国加了一国，而且因中国作为独立力量介入，世界开始呈现多极化特点，大国关系的稳定性加强。当然，大国战略的最终目的，都是维护和增进自身安全和国家利益。如果这个目的发生改变，大国联盟就不再那么牢靠了。

中美苏大三角关系带来了难得的发展红利：中国大陆利用周边环境相对稳定的时机，集中精力发展经济，弥补“文革”十年在发展上的欠账。中国台湾地区和日本、韩国、新加坡等，在六七十年代经济腾飞的基础上，大力发展贸易和科技，综合实力大幅跃升。最为显著的是日本，其发挥自身的技术和生产优势，加快拓展海外市场，成为美国最大的债权国。部分东南亚国家升级了地区合作组织，强化抱团发展。而越南，在内战结束并实现国家统一后，没有抓住时机发展经济，而是充当霸权大国代理人，不断挑起与中国的军事冲突。

在全球大三角框架下，中国凭借实力增强和有利的地理位置，成为亚太区域的政治和军事大国；日本、韩国、东盟一些国家实现了经济和科技腾飞，它们与中国共同成为决定亚太秩序的主要力量。亚太秩序走出了冷战阴霾，但国家与国家、国家与国家联盟之间又展开了实力较量，区域地缘利益争夺并未结束。因为任何一个亚太国家，包括东盟，都不可能脱离大三角框架而独自主导亚太事务，所以形成了“群雄初起”的局面。

日本经济和科技实力不断增强，尤其是成为美国最大债权国后，开始威胁美国的经济霸主地位，并且产生了成为“正常国家”、争当政治大国的心态。在20世纪80年代初期，日本用于防卫的经费首次突破了宪法中“军费不超过国民生产总值1%”的限制。日本利用美日同盟的保护，大幅提升自卫队的装备和训练水准，扩大编制，自卫队已经具备了一支技术化军队的所有能力。日本利用中国集中精力发展经济的机会，背信弃义，破坏中日建交时双方达成的默契，试图控制钓鱼岛。

韩国、新加坡和东盟也利用这段和平时期大力发展经济，并在一些争议问题上采取主动措施。韩国实际控制了独岛（日本称竹岛），东盟部分国家对南海部分争议岛屿进行蚕食。

朝鲜因为中美军事对峙不再，而日益担心自身安全利益受到损害，于是，发展核武器和远程导弹的决心愈加坚定起来。

一个加速跑的时代

历太和会昌朝，愈事韬晦，群居游处，未尝有言。

——《旧唐书·宣宗记》

1979 年 1 月 1 日，中美正式建交。此前的十一届三中全会，启动了中国改革开放进程。伴随着这些大事件，冷战松动的帷幕徐徐拉开。过度僵化的苏联体制逐步失去了战略定力。

1979 年苏联入侵阿富汗，是冷战即将结束的一个必然的副产品。苏联担忧战略均势进一步朝着于己不利的方向演变，于是盯住了阿富汗这块“冷门战略要地”，趁自己实力尚存，实施武力介入。

阿富汗是中国的邻国，苏军入侵阿富汗必然给中国安全带来一定威慑。

当时，在苏联和东欧周边，只有阿富汗还没有被美国染指。苏联不甘心美国在亚太地区处处占优，但其又无力触动中美欧日的包围圈，只好在“冷门”地区投棋布子。然而，苏军更擅长打集团战、阵地战，对穿梭游动于山洞和沟壑中的阿富汗游击队，有力使不上。

如果说，中美关系正常化从外部推动了苏联调整自身战略，那么，阿富汗战争就是这种调整的一个重要步骤。

1981 年美国总统里根上台后，奉行“重振国威”政策——

无论在世界哪个角落，只要出现亲苏联的武装力量和政权，美国就立即在那里扶持一支反苏反共力量，对冲苏联的行动。这就是美国所谓的低烈度战争的战略思想。在美国支持的阿富汗反苏武装反制之下，苏联在战事上“拖不起”的弱点立即暴露出来。

同时，美国发起新一轮经济竞赛，在经济上对苏施压。苏联经济结构不完整的危害愈加明显，没办法扩大对外贸易、提升经济收益，就像一个人突然从壮年进入老年一样。

从勃列日涅夫到戈尔巴乔夫，都认识到应当尽快与中国缓和关系。而此时的中国，已经获得了改革开放的“早期收获”，急需与西方开展资金、技术、企业管理和市场互通等各方面合作。而与经济上孱弱的苏联展开经济合作，尚不足以提到中国对外合作的重点位置。

苏联从自身利益出发，主动试探与中方缓和关系。为了建立更为和谐的周边环境，中国也愿意与苏联接触沟通。如果没有改革开放后的经济积累和外交积累，这些都是不可能实现的。至少，不是那么水到渠成。这也说明，中国的改革开放从一开始就不仅是经济领域的变革，而是全方位的变革。在外交领域，中国不仅已经学会按照自己的利益诉求办事，而且具备了提高要价的更好条件。中国外交历经锤炼，战略与实用相结合的思维更加清晰，以维护和扩大自身战略利益为核心诉求。

这条路不是一下子得来的，而是前后承接的。美苏中构建大三角关系，是从毛泽东会见尼克松开始的。从那时起，综合实力尚不够强大的中国，已经展现出在超级大国面前维护自身权益的坚韧。正是这种坚韧，促使美苏相继出错，而只能选择与中国修好。美国和苏联先后在中国周边国家陷入战争的泥潭，不仅消耗了经济实力，也消耗了战略力量。而中国则通过合理用力赢得了战略主动，也树立了地区威信。

20世纪80年代，中华民族迎来了加速走向强大和繁荣的起点。残存的冷战阴云即将散去，中国大陆则已经收获到了红利。经济快速发展，外资大量引入，商品日渐丰富，居民收入显著提高。沿海城市和经济特区成为展示中国开放形象的窗口，中国市场成为世界主要经济体争相参与的乐土。中国宣布大幅裁军，边境贸易逐步活跃，大批留学生到欧美国家学习。中国在和平稳定环境中实现了经济繁荣、社会有序。

洗刷中国历史耻辱的几件大事摆上了案头。在苏联主动提出与中国改善关系后，中国明确要求对方先撤除靠近中国边境的军队。中国与英国就收回香港进行谈判时，明确告知对方“主权问题是不能谈判的”。与葡萄牙谈判收回澳门，非常顺利。1987年，中国启动了加入关贸总协定（后来的世界贸易组织）的谈判进程。20世纪80年代我国周边关系总体稳定，这与国际关系总体缓和紧密相关。中国与周边国家对特定岛屿的争端虽有波澜，但总体上按照搁置争议这一策略，取得了稳定周边关系、以图长远的战略效应。

而台湾地区，在经济快速发展的基础上，也调整了岛内治理政策。台湾当局解除了党禁、报禁，选举等政治制度开始“西化”，甚至试图扮演西方阵营中的一员。当然，这既是其长期追随美国、接受美国庇护的政策延续，也是其谋取战略安全、增加与大陆谈判筹码的选择。

与中国选对了路、越走越强不同，苏联选错了路、越走越乱。到80年代末，苏联的内乱此起彼伏，越发不可收拾。1990

年 3 月 11 日，加盟共和国立陶宛率先宣布独立，随后，树倒猢狲散，宣布独立的加盟共和国达到 6 个。1991 年 8 月 24 日，苏共中央宣布解散；12 月 26 日，苏联宣布解体。

在苏联倒台、东欧剧变的世界性风暴中，中国也遭到了“红旗要不要打下去”的诘问。中国做出了“弄潮儿向涛头立”的战略抉择：根据中国人口众多、需要统一协调应对重大挑战，战略空间大、可以用好各种要素加快发展，制度优势强、可以抗击外部压力的现实条件，坚持走自己的务实之路，开辟了中国特色社会主义道路。中国道路既不是美式的、欧式的，也不是苏式的，而是符合自身实际的道路，是可以不断优化的道路，是亿万人民都可以参与的道路。所以，面对国际社会主义运动的历史低潮，面对国际资本主义的巨大压力，中国没有动摇。

中国此时如何塑造国家形象？不能靠华丽的辞藻，也不能向外国讨药方，只能面向现实问题。在 1989 年春夏之交的政治风波中，各阶层的人们都聚焦一个问题：中国该走哪条道路？

继续推进改革开放，提高人民生活水平，维护和提升中国在国际上的地位，是唯一正确的路，是可以制胜的路。苏共因腐败、僵化和官僚而倒台，并且亡了国；中共坚持反腐败、搞开放、和人民站在一起。这既是处理内部事务的政策，也是处理国际关系的政策。

中国作为冷战后最大的社会主义国家，是否“独木难成林”？是否“独木难支”？是否在走“独木桥”？当然不是！怎么会是！

中国坚持走社会主义道路，这是人民的选择，也是经过实践得来的最适合中国的道路。但中国特色社会主义道路不是僵化刻板的道路，更不是以意识形态划线的道路，而是既坚持自己的治理方式、又与世界各国友好相处的道路。所以，在中国特色社会主义大道上，不存在“独木难成林”“独木难支”“独木桥”这样的逻辑，中国始终是当代国际社会、国际秩序的重要参与者、建设者、贡献者。中国的发展模式为世界文明的多样性提供了新的可能和新的模式，与那种有你没我、有我没你的狭隘格局完全不同。

中国发展到这样的阶段，形成这样的发展观、世界观、国际关系观，是与中华民族经历的困难历史、进步历史、斗争历史紧密相关的。回顾一下，我们从鸦片战争以来，屡遭列强欺凌；在赢得抗战胜利后，仍然受到国际强权势力的要挟讹诈；在新中国成立后，打着同一个意识形态旗帜的盟友依然试图多吃多占。我们这样一路走过来，更懂得兼收并蓄，更懂得务实求真，更懂得团结是最大最实的法宝。为什么把要治国理政大逻辑，缩窄到简单的意识形态一个方面？为什么不同文明、不同模式、不同信仰的人群就不能一起发展？

从20世纪50年代中国同有关国家共同提出和平共处五项原则，到改革开放后坚持独立自主的和平外交政策，再到新时代主张构建更加公平合理的国际秩序、构建人类命运共同体，中华文明的天下情怀、和合思想不断传承发展。中国道路、中国思维、中国方略为人类发展现代文明提供了新的选择、新的范式。

海陆兼顾新思维

中国正逐渐成为最有可能在全球影响方面向西方挑战的国家。

——塞缪尔·亨廷顿，《文明的冲突与世界秩序的重建》

始于1978年的改革开放深刻改变了中国，以经济建设为中心，坚持“三个有利于”，致力于与各国发展经济贸易关系，成为大势，意识形态差异不再是发展国家关系的决定因素。

1992年，党的十四大提出“建立社会主义市场经济体制”，改革开放步伐进一步加快，市场经济格局发生深刻变化：凡是有利于扩大市场、活跃市场、共享市场的事，就努力去做；凡是可以引进的市场化手段，都可以引进。

中国这样做，达到了两个目的：一是使世界各国从中国这个越来越庞大、越来越自由的市场中获益，特别是拉紧中国与主要国家的经济贸易联系。二是建立更加成熟的社会主义市场经济模式，提高生产效率和生产能力，激发市场活力，为老百姓带来更多实惠。中国的政治制度不同于美国，但是中国依然可以构建现代化的市场体系。这就实现了意识形态建设与经济社会建设的统一，用实实在在的成果回击了那种简单以意识形态划线的偏见。

邓小平提出的“两手抓，两手都要硬”，即用社会主义思想理念统一发展共识，用现代市场手段发展市场经济，看起来是现实策略，实质上是改革开放的方法论。多年之后，我们认识到，其实西方大国也是“两手抓，两手都要硬”的，甚至比中国还要硬。他们为了维护其价值理念，不但使用各类媒体和社交平台、非政府组织甚至特工机构，有时连重型武器都要用上。

中国采取积极参与、积极建设国际秩序的现实主义方式，反映了冷战结束后一个基本的事实：各国的共同利益日益扩大，全球化进程不断加快。中国坚持各国主权一律平等、经济合作互惠互利，倡导公平正义的全球化秩序，践行真正的多边主义。中国的主张获得国际社会越来越多的认同，特别是代表了众多发展中国家的诉求和愿望，从而决定了中国在世界舞台上是一个越来越重要的角色。

笔者认为，价值理念、意识形态是经济社会长期发展在人们思想中累积形成的综合反映，是一个动态变化又相对稳定的思想结果，反过来也对新阶段经济社会发展产生正向和反向作用。意识形态差异是躲不开的，但将其泛化也不行。

冷战结束后，美国、中国、日本、东盟在亚太地区共享经济和贸易繁荣的机会时，意识形态冲突也会使一些历史遗留问题升级为现实的冲突热点。战略利益、发展利益是根本，但意识形态冲突是“增温器”。中日之间的岛屿和海洋划界问题、中国与东南亚一些国家在南海的争端，都可能引发对立或冲突。

美国作为全球霸权国家，其在亚太地区的政策和行为方式深刻影响着地区局势。处理好中美关系有利于地区形势和世界稳定。

在中美关系中：(1) 经济关系是重要基础和纽带，经贸合作将增进双方共同利益，并促进战略层面的共同利益和互信。(2) 意识形态分歧是双方需要理性管控的领域，从两国关系大局出发，双方可以找到管控之道。(3) 美国基于全球战略需要，逐步加强在西太平洋的军事部署（强化美日同盟、推行印太战略、介入南海问题)，增加了地缘安全冲突风险。应揭露美国的霸权行径，让世人看清楚美国的嘴脸。同时，也应加强双方沟通，防止和减少误判。(4) 美国极力利用台湾问题遏制中国发展。这是一个大是大非问题，中国不能有丝毫含糊，要揭露美国的图谋，采取果断反制措施，坚决维护国家安全利益，坚定推进两岸统一进程。

美国已明确把战略重心放到亚太地区，其终极目的就是遏制中国发展壮大。在此情势下，“台独”势力会更加倚重美国。应当高度警惕的是，美台相互勾连，在军事、战略性科技等领域推进常态化、制度化合作，发展实质关系，对抗中国统一大势。日本将配合美国行动，增加对台海的战略渗透能力。

美国长期介入台湾问题，岛内也存在统独之争，这一问题一旦升温，所引发的“地震”会更强烈。

国家不能完全统一，必然形成内部消耗，导致战略安全和发展利益受损。二战后，德国分割为东德和西德，朝鲜半岛分割为朝鲜和韩国，中国大陆和台湾处于分治状态。冷战结束后，东西德国实现统一，成为一个新的国家。而朝鲜半岛统一进程、中国统一进程并不顺利。

近年来，美国在舆论、军售、在职官员访问等方面大做文章，给“台独”分子撑腰打气。这说明，美国把中国当作冷战后的主要竞争者，利用“台独”势力牵制中国。美国这么做，危害了战后国际秩序，给地区形势带来恶劣的影响。中国必须采取有力措施予以反制。

我们应以更广阔和更开放的思维，立足更长远的民族发展福祉，加强与台湾各界人士的商谈，形成最大公约数，推动两岸良性互动和融合，为两岸统一合成更多动力。

两岸统一对于中华民族的海权意义重大。中华民族赢得海权，为的不是获取更多权益，而是可以通过海权力量促进区域和平稳定发展。而要做到这一点，就要尽量以和平方式实现两岸统一，以此为基础，与周边国家协商东海、南海等争议问题，共建和平之海、共享之海。

中国的西面和北面，是中国陆权发展的战略要地。苏联解体后，中国要和俄罗斯和独联体国家分别打交道。而这又与东西欧地缘政治有重要关联。西欧是美国可以影响的范围，东欧则是美俄争夺之地。独联体一些国家也因苏联解体而呈现向西靠的迹象。在此情况下，中国将如何构建一个新型的中俄关系？

在冷战刚结束时，美欧希望俄罗斯效仿它们的政治制度。但是，双方进行了长达50年的冷战，建立牢固的信任十分困难，俄罗斯必须做得比西方还西方，才有可能获得美欧的信任。事实已经证明，这条路是走不通的。俄罗斯只能走自己的路，俄罗斯的安全必须自己维护。

从俄罗斯方面讲，苏联作为政治实体解体了，但苏联的战略传统并没有消失，应当由俄罗斯继承。在俄罗斯人心中，独联体国家关乎俄罗斯的国家安全，西方不可以在此进行渗透和扩张势力；东欧应当继续作为俄罗斯与西方的缓冲带，由俄罗斯和西方国家通过友好协商处理该地区问题。

但残酷的现实很快就发生了：东欧多国开始投靠美国和西欧，独联体内部矛盾也逐步爆发了。美国和西欧需要东欧这个潜在的市场和能源供给地，于是采取措施加强与东欧的贸易关系和政治关系——欧盟和美国控制下的北约相继向东欧国家伸出橄榄枝。冷战结束初期俄罗斯与美欧的短暂“蜜月期”消失了。严格讲，那也不算什么“蜜月期”，不过是冷战突然失去维系基础后的一种恍如隔世的新鲜感罢了。俄罗斯希望维持其地缘政治地位，已经不可能了。

在欧洲方向陷于困境的俄罗斯，必须寻找一个减压器。而中国也需要与俄建立正常国家关系，在北部构建战略安全态势。虽然此时的俄罗斯已经不是社会主义国家，但中俄毕竟有长期交往的基础，只要双方有诚意，建立新型国家关系是可能的。

冷战已结束，俄罗斯、中国、美国都不需要一场新的冷战。中国希望与西方扩大贸易和技术合作，也希望改善与俄关系。俄罗斯则希望与中国建立和平稳定关系，以维护自身战略安全。

20 世纪 80 年代中期以后，中俄两国既没有共同的敌人，也没有争夺的利益爆点，最大的共同愿望就是开展友好合作。同时，中俄重新塑造双边关系需要历史和解，需要提升政治互信，所以，那时双边关系的定位还不可能很高。

即便如此，构建新型的中俄关系仍是必要的。因为，冷战结束后，主要政治经济实体都不得不参与国际秩序的重构。美国和西欧在打独联体国家的牌，东欧国家也在重新站队。中国与俄罗斯关系保持稳定，对于处理与欧洲和美国的关系是有一定杠杆作用的。中国希望专心发展经济，自然要维护一个稳定的外部环境。

总之，中俄关系已告别了历史上曾经有过的相互依赖的那种情况，而进入了“各取所需”阶段。这是大国关系改变的一个标志。

有人认为，俄罗斯力量虚弱和地位孤立时需要中国，一旦俄罗斯强大起来，又会威胁中国；中国利用俄罗斯减缓其在东部遇到的压力，一旦东部压力减缓，便会疏远俄罗斯。持这种看法的人，显然陷入了冷战旧思维，他们忽略了一个基本事实：国际关系发展的历史表明，建立关系的双方起初都是基于相互需要，而相互需要如能持续发展，必然产生相互认同。中俄关系在冷战结束不久便升温，当时的确属于应急之需，但当双方在全球的共同利益、中国与西方的共同利益越来越大时，俄罗斯与西方之间关系趋于稳定时，中俄双方就可以提升关系级别，争取双方更大的利益。

这一点后来得到了佐证：20 世纪 90 年代中期开始，中国大量引进俄罗斯的先进军事装备。军工贸易相对于其他贸易，是一个门槛较高的贸易，它连着经济，也连着政治。中国需要俄罗斯的先进军事技术，而经济疲软的俄罗斯也需要通过军工出口增加财政收入。这样，中俄两军关系逐步升温，从而进一步促进双边政治和经济关系发展。两国关系走向了最核心、最敏感、最具有实质意义的范畴，双方由互相需要发展到合作共赢。

从 1995 年夏天台湾地区领导人李登辉访美，到 2000 年民进党在台湾执政，台湾当局采取了一系列“台独”行径，导致两岸关系不断陷入危机，大陆不得不提升威慑和压制级别，并加强更高级别应对准备。众所周知，台湾当局的挑衅行动得到美国支持。而俄罗斯方面也受到来自美国的挑衅——2004 年，美国领导的北约吸收 7 个成员国加入，其中 3 个为前苏联加盟共和国，这给俄罗斯战略安全带来巨大冲击。中俄需要加强协调和合作，应对美西方不断提升的战略安全压力。

中俄关系走近，意味着两大陆权国家达成谅解，而从历史来看，任何陆权国家趋于稳定走向强大，必然导致海权秩序变化。1996 年《中俄睦邻友好合作条约》刚刚签订，美日同盟便于 1997 年宣布扩展同盟的职能范围。以前，日本只是专守防卫，而 1997 年的《日美防卫合作指针》将日本自卫队活动范围从本土防卫扩大到“周边地区”。而“周边地区”实际上覆盖了台湾和南海。显然，这是美国对中俄关系走近的一种回应。从美国扩张海权的根本立场出发，即使抛开中俄关系，其也会驱动日本改变专守防卫战略，充当其在东亚扩张海权的马前卒。但是，中俄关系快速发展，在一定程度上催化了这一进程。

《日美防卫合作指针》发生改变，使得平静了不少年的中国东南部海域骤起波澜，岛屿和海洋主权之争明显升温，并且导致“多米诺骨牌”效应。

日本显然成了亚太秩序中一支不断上升的政治力量。经过美日协调，日本军力被允许走向海外，这导致其更有手段与中国、韩国开展岛屿与海洋利益之争，它介入东盟地区事务的能力也增强了。日本对亚太秩序的影响力发生了质的变化。从这时起，中日关系进入“政冷经热”时期，随时可能触碰政治暗礁。

由于美国对中俄走近采取了前述应对措施，亚太秩序发生重大变化，而中国承担了更多的压力。不仅台湾海峡危机加重，东海岛屿和海洋主权之争也开始发酵，并迅速向南海延伸。

朝鲜半岛问题也变得复杂，朝核问题开始出现。俄罗斯也利用北方四岛问题向日本施加压力，借此增强对美压力，换取美国在欧洲问题上对俄让步。而日本以缓解压力为由，既可以向美国

“申请”更多的自主权，又可以在钓鱼岛问题上向中国施加压力。在中俄关系的天平上，日本的反应其实是有利于俄罗斯的。

朝核问题浮现，使整个东亚地区从北到南构成了一道烽火线。而欧洲那边，正在推进一体化进程。东亚的纷争和欧洲的团结，形成强烈的反差。

中俄关系快速发展，不仅引发了一系列海上安全问题的变数，而且引发了一系列陆地安全问题的变数。并且，陆地问题的变数更具实质性。首先是中亚五国问题。苏联解体后，中亚五国相继独立，这些国家的内部和国家之间，都存在错综复杂的民族问题。中俄双方都需要与这些国家保持友好关系，以稳定外部环境。

对中国而言，中亚既是重要的投资市场和能源供给地，又与新疆地区有千丝万缕的宗教联系。所以，在该地区投入力量，维护区域稳定至关重要。对俄罗斯而言，中亚五国是自己的“亲戚”，属于自己势力范围和安全屏障。由于中亚五国与高加索地区紧密相接，俄如果对它们保持强势影响力，不仅可以弥补苏联解体后失去的战略纵深，而且还可以提升自身在国际社会的地位。

显然，中俄两国在中亚的利益叠加点很多。经过中俄和中亚五国紧密磋商，2001 年 6 月上海合作组织应运而生。这不仅可以解决中俄两国在中亚地区的利益关切，也可以塑造中亚地区的利益协调机制。以地区合作的形式解决矛盾、消除麻烦，并促进互惠，这无疑是中国的明智之举。2017 年 6 月，印度和巴基斯坦正式成为上海合作组织成员；2021 年 9 月，上海合作组织通过关于启动接收伊朗成为正式成员国的程序。

中亚位于欧亚大陆的中心地带，而欧亚大陆又被多个大国所环绕，所以中亚地区战略位置十分重要。中亚地区民族关系复杂，地缘矛盾复杂。从公正和超脱的层面考虑，中国应避免介入当地政治纷争。这样反而更能够处理好与中亚各国的关系。但是，中亚如果乱了，不仅中国在该地区的能源贸易合作会泡汤，该地区的乱子还可能波及自身。所以，既要关注经贸和能源等的双边多边合作，还应当关注更高层次的公共安全合作。基于此，中国主动倡议建立中亚五国加中国、俄罗斯的安全合作机制。由于这一机制的设想符合区域实际，满足了各方愿望，有利于区域安全合作，立即得到了认可。

中国智慧在中亚获得成功，并不是由于中国介入其中有多深，而是由于其他域外大国在处理中亚问题时有求于中国。如果中国过度介入中亚的话，会引起其他大国的纠结，反而损害中国的全球战略布局。中国希望中亚地区实现经济繁荣，但从长远看，中国与中亚应大体保持同步繁荣，否则，如果存在大的落差，中亚地区的民族主义思潮就有可能输入中国新疆，对中国境内的民族关系造成冲击。

中国在中亚事务中采取“一碗水端平”政策，是妥善处理中俄、中印、中美关系的需要，也是尊重中亚地区政治生态规律的务实之策。中亚新一代政治家将相继主政，其政治立场和价值取向都可能发生变化，并影响国家治理模式和政策方向。因此，以上合组织宪章和工作机制为依托，根据各国实际情况采取务实政策，共同促进和平合作，是最符合中亚国家和其他成员国利益的做法，也符合中国利益。

中亚国家具有重要战略地位，但其不具备向全球扩大影响力的基础：一是该地区虽是重要能源出产地，但不如中东地区那样丰富和易于开采；二是该地区复杂的地缘政治和民族矛盾，决定了其不可能采取东盟模式，一体化进展较慢；三是该地区存在大国博弈低烈度介入的风险。所以，中亚地区不存在成为东亚、欧洲、中东这样的经济政治中心的可能。所以，经略中亚的目标应聚焦经济合作和区域稳定，这样有利于中国的贸易、能源安全以及地缘政治安全。

在中俄各自的战略中，既要考虑中俄战略诉求和制约因素，也要考虑美国、欧洲等其他主体的战略诉求和制约因素。同时，不能回避双方也有竞争关系。

从历史上看，中国很少与他国结盟，而是主张发展和平友好关系。即使近代奉行“以夷制夷”政策，也没有和某个国家结盟，只是在某个具体事件上与不同国家开展合作。

俄罗斯在近代也很少和邻国结盟。它在历史上的结盟对象都不是邻国，例如，拿破仑战争时与英国和普鲁士、奥地利结盟，“一战”时与英国和法国结盟。中国是唯一与俄罗斯（苏联）既有漫长共同边界又相互结盟的国家。这也是在冷战特殊时期的特殊情形。

在冷战结束后，中俄关系走近，总体上符合两国战略需要，但这种关系将充分尊重各自独立的战略诉求，同时在相互叠加的战略部分、相互叠加的诉求上予以谋划。这样的合作关系更理性，也更符合实际。

“9·11事件”造就了世界格局的一个横断面。其动摇了此前的陆权和海权边界，对世界格局产生的影响是广泛而深刻的。“9·11事件”后，美国以反恐为由，连续发动阿富汗战争和伊拉克战争，在其以前的力量空白处——中东和中亚投入了大量军力和政治力量。当然，即使没有“9・11事件”，美国也要补上这些空白；只是“9・11事件”使美国的行动提前了，而且是以激烈的战争方式来完成。

美国作为一个域外大国，进入有千年传统的欧亚大陆腹地，是500年来全球秩序演进中的一个里程碑。处于欧亚大陆重要位置的中国，必将受到影响。

朝鲜半岛新博弈

无论如何……我们不能在我们不清楚的路上走。

——艾森豪威尔

朝鲜半岛保持总体稳定，是中国重大利益所在，也是世界和平利益所在。中方多次指出，不允许在中国的家门口生乱生战。围绕朝鲜半岛核问题，中国及相关国家一直保持着沟通。但由于朝韩两方的关切和美方半岛政策存在巨大反差，这一问题难以获得突破。中方希望各方保持理性态度，特别是鼓励朝韩双方通过沟通谈判解决问题，同时鼓励美朝直接对话，彻底解决这一问题。

2018 年 3 月，朝鲜最高领导人金正恩对中国进行了三天访问。习近平主席和金正恩共同认为，把中朝传统友谊不断传承下去，发展得更好，这是双方基于历史和现实，立足于国际地区格局和中朝关系大局，做出的战略选择，也是唯一正确的选择，不应也不会因一时一事而变化。习近平重申了中国实现半岛无核化的目标和维护半岛和平稳定、通过对话协商解决问题的立场。金正恩说，致力于实现半岛无核化是朝鲜始终不变的立场，“如果南朝鲜和美国以善意回应我们的努力，营造和平稳定的氛围，为实现和平采取阶段性、同步的措施，半岛无核化问题是可以得到解决的。”

朝鲜半岛问题始于“二战”以后，苏美两个同盟国以北纬38度为界接管日军占领的朝鲜土地，留下了隐患。1948年大韩民国和朝鲜民主主义人民共和国成立后，双方冲突不断。1950年朝鲜战争爆发。中、美、苏以不同方式介入战争。最终，中美军队展开对决，于1953年7月签署了四方停战协定。停战以后，美国改变了此前的不在韩国驻军的承诺，开始在韩国驻军，这是半岛军事化斗争的源头。

抗美援朝战争后，中国、苏联都与朝鲜保持友好关系，朝鲜经济稳定发展，军事上依靠苏联的支持。韩国虽然得到美国的经济和军事支持，但经济发展相对缓慢。

1960年，朝鲜人均国内生产总值是韩国的3倍多，人民享有免费教育、免费分房、免费医疗等福利。南北经济呈现如此差异，与日本统治朝鲜半岛时期实施“南农北工”策略有直接关系。就是说，北方工业基础远远强于南方。韩国经济腾飞是20世纪60年代中期和整个70年代实现的。1960年，韩国人均国内生产总值为82美元，1970年达到410美元，而当时朝鲜的人均国内生产总值为400美元。这是韩国首次在经济上超越了朝鲜。

不管朝鲜和韩国的经济发展情况如何，双方的军事均衡是可以保障的。因为朝鲜得到苏联和中国的政治支持，军事装备主要是苏联提供。韩国的军事装备由美国支持。

但1991年苏联解体，导致朝鲜半岛南北双方的军力失衡了。朝鲜长期依赖的与苏联和东欧的外贸链条中断了，资源进口也陷入停顿。再加上美国的制裁和封锁，经济迅速滑落。朝鲜的军事装备长期依赖苏联，没有自己的军工体系；苏联解体后，不可能一下子补上军事装备上的短板。

韩国继 20 世纪 70 年代经济腾飞后，受益于美国主导的国际经济体系，并且建立了符合自身实际的、与国际产业分工体系相配合的产业体系，经济上长期保持相对强势。同时，美国出于占据东亚海权优势的战略目的，加大对韩国的军事投入，加固其所谓的岛链优势。美国这样做，既是挤压朝鲜之举，更是压制俄、中之举。

1994 年 7 月，金日成逝世。1995 年朝鲜多地遭受特大洪水灾害，随后数年继续发生多起自然灾害，粮食短缺问题十分严重。

美西方国家趁机对朝鲜施压，试图把朝鲜逼上绝路。在这种局面下，金正日决定走“先军政治”路线。

所谓“先军政治”，简单说，就是一切以军事工作为先，一切以军事工作为重。朝鲜这样做，是基于内外形势变化做出的抉择。在美韩日对朝鲜形成战略包围的情况下，强化军事力量可以增加与美国博弈的筹码。朝鲜的目的是通过强化军事力量，在大国关系错综复杂的东北亚以小博大，迫使美国坐下来谈判，最大限度维护主权和发展权益。

应当看到，“先军政治”也是根据不同时期的情况进行调整的。从实行“先军政治”以来，朝鲜也不断强调发展经济，并采取了一系列措施。

朝韩问题和朝美问题是影响东亚局势的重要事项，但朝韩问题附着于朝美问题。所以，只要朝鲜半岛周边的大国关系相对稳定，半岛局势就会相对稳定。在抗美援朝之后直至 20 世纪 90 年代中期，中美、俄美、中日、俄日关系时有摩擦，但由于全球化进程加快，大国共同利益越来越多，朝鲜半岛南北双方关系维持着总体平衡。

苏联解体，冷战结束，也给朝鲜问题增加了新的变数。在美国看来，既然可以逼垮苏联，逼垮朝鲜也不是难事；如果韩国可以统一朝鲜半岛，则美国控制东亚局势就更加得心应手了。

但是，朝鲜有其独到的韧性，朝鲜的“先军政治”展现了强大的抵御功能。从1995年实施“先军政治”到2000年经济止跌回升，朝鲜度过了最艰难时期。同时，朝鲜以试验核武器，发射卫星、导弹等增强军力。

面对持续增大的安全压力，任何国家都不可能不做出政策调整，要么以更加强硬的措施升级对抗，逼迫对方妥协；要么找到并扩大同盟军，使对方有所忌惮；要么以柔性方式在局部问题上让步，换取对方让步。朝鲜也是如此。

从美国方面来说，朝鲜一国的利益是次要的，美国的霸权才是第一位的。美国在“二战”后构建的东亚安全体系，是由日本、韩国、中国台湾以及相关东南亚国家构成的，朝鲜是被放在苏联和中国的军力覆盖范畴内，作为一个整体对手的一小块来考虑的。所以，当朝鲜提出并实施提高军力的措施时，美方是不可能接受的，极力予以压制。

于是，因苏联解体导致的朝鲜半岛局势突变，陷入了恶性循环。

朝鲜的核诉求十分久远，可追溯到1953年朝鲜战争刚刚结束时。当时，朝鲜先后向中、俄提出研制核武器一事，均搁浅。但朝鲜从未放弃研制核武器，这是因为，美国从1958年起就在韩国部署核武器，并于1967年达到高峰。虽然朝鲜核武器一直没有走向前台，但其实已做过相关试验，并积累了相关技术和原材料。

有分析认为，在20世纪90年代，朝鲜开始具备事实上的核能力，与苏联解体后部分专家流入朝鲜、核技术走私和美国输入轻水核反应堆技术有关。

1991年底，鉴于冷战结束，美国宣布撤除其部署在韩国的核武器，朝韩双方签署了《朝鲜半岛无核化宣言》。同时，为了消除朝鲜境内的核力量威胁，国际社会介入核查，从1992年5月至1993年2月，朝鲜接受了国际原子能机构（IAEA）6次不定期核检查。

但在这一过程中，美朝双方争执不断。这是因为，美国从韩国撤出核武器，只具有象征意义，因为凭美国的核打击能力，是否在韩国保留核武器已不那么重要；其真正目的，是通过国际条约和国际核查，彻底消除朝鲜境内的核力量。

1993年3月，朝鲜第一次宣布退出《不扩散核武器条约》。美国策略性地选择了妥协，经过四轮谈判，美朝于1993年6月达成一个不互相威胁的声明。但消除朝鲜核力量的程序还要继续。美国一方面推动对朝核项目进行彻底核查，一方面又因“核查不顺利”而推动对朝制裁。朝鲜方面既要以配合调查、消除核力量来换取利益，又要以抵制调查、保有核力量来赢得主动。双方之间的矛盾滚动升级，危机一触即发。

在此情况下，克林顿总统委派前总统卡特，于1994年6月前往平壤斡旋。卡特不负众望，与朝鲜政府达成了朝核问题框架协议的草案。但意想不到的是，在与卡特见面三周后，金日成因心脏病突发于7月8日逝世。所以，直到一个月后，朝美才恢复谈判。1994年10月21日，美国与朝鲜在日内瓦签署了由卡特与金日成商量好的《朝美核框架协议》，朝鲜冻结其核设施，美国牵头成立朝鲜半岛能源开发组织，负责为朝鲜建造轻水反应堆并提供重油，以弥补朝鲜停止核能计划造成的电力损失。

但此后，双方都未能兑现各自的诺言。不管是谁在向谁要价，这一对双方都有利的协议得不到落实，就意味着危机还将持续。至此，战后 70 年的朝鲜意图已经非常明确，正如金祥波在《朝鲜对外战略史研究》一书中所言："提高朝鲜在同其对手政治对话时的地位，增加其进行讨价还价的筹码；又有利于推动朝鲜国内的经济增长。"

2003 年 1 月 10 日，朝鲜政府发表声明，宣布再次退出《不扩散核武器条约》，同时表示无意开发核武器。为使朝核问题和平解决，中国积极斡旋，于 2003 年 4 月促成由朝鲜、中国、美国参加的朝核问题三方会谈。8 月，俄罗斯、韩国、日本又加入进来，形成六方会谈格局。到 2008 年 6 月，朝核六方会谈历经 6 年之久。

朝鲜在此期间进行了核试爆和多次导弹发射活动，同时，也为改善美朝关系做过不少努力——包括缓和政治关系、推动达成互不侵犯协议、尝试购买美国石油等。显然，美国不改变立场，不解除朝鲜的安全焦虑，朝美改善关系是不可能的。

2009 年 4 月 13 日，联合国安理会发表主席声明，认为朝鲜发射活动违背了安理会第 1718 号决议，并要求朝鲜不再进行进一步的发射活动。朝鲜随后发表声明，拒绝接受安理会主席声明，宣布退出朝核问题六方会谈，并将按原状恢复已去功能化的核设施。

朝鲜问题之所以难以解决，最根本的还是有关国家冷战思维在起作用。对中国来讲，朝鲜半岛形势不能生乱生战是一条底线。朝核问题应当尽快得到解决，实现半岛无核化。只要美国不放弃其在东亚，包括在韩国、日本的霸权政策，不停止对中国统一大业的干扰破坏，中国就必须考虑并采取必要的应对措施。当然，推动各方采取降温措施，促成和平解决问题，一直是中国的坚定立场。

2021 年 7 月 11 日，习近平主席同金正恩就《中朝友好合作互助条约》签订 60 周年互致贺电。次日，中国外交部发言人就该条约是否需要续签的问题指出，根据《中朝友好合作互助条约》规定，该条约在未经双方就修改或终止问题达成协议以前将一直有效。虽然中朝两国关系的时空环境已经发生了很大改变，但唇齿相依的邻居情义、山水相连的地域联系并没有改变，双方友好相处、共同繁荣、共享繁荣的诉求不会改变。

朝鲜半岛实现无核化，降低军事化程度，撤除外国驻军，实现民族和解，有利于增进半岛人民利益，有利于地区繁荣稳定。中国乐见这样的局面，并为此发挥建设性作用。

中国的大国模式和挑战

我喜欢未来的梦想更甚于过去的历史。

——小布什

“9·11 事件”重创了美国本土安全，但美国政客们并未检讨自己在安全战略上的错误，反而借“9·11 事件”向全球部署军力。

“9·11 事件”爆发时，时任美国总统小布什正在佛罗里达州一所小学教室里和孩子们一起读课文。当他弄明白发生了什么时，做出了一个艰难的决定——击落当时拒绝降落、还在空中飞行的所有客机。小布什说：“这是一个无奈且艰难的决定，我知道飞机上有美国公民，但是那种情况下，这是没有办法的办法，这样做也是为了保护更多的美国公民。”

此时，美国需要所有大国对其反恐行动提供支持，包括中国和俄罗斯。

在美国集中精力反恐的这段时间里，中国东部的海域和岛屿矛盾没有激化。当然，不激化并不代表可以解决，只不过，全球性的新矛盾暂时掩盖了旧矛盾。

美国于 2001 年 10 月发动阿富汗战争，于 2003 年 3 月发动伊拉克战争。这两场战争固然对区域安全局势有重大影响，但首先冲击的是俄罗斯的地缘政治利益。其对中国的影响，主要体现为意识形态冲击和战略安全威胁。

美国发动了阿富汗战争、伊拉克战争，在那里推行建立美国式的政治制度，是有意向欧亚大陆腹地推广美国价值观，抵近开展意识形态之争。以东欧和前苏联位于欧洲部分的加盟共和国为起点，向西南方向延伸至阿富汗的半月形的欧亚大陆腹地，都成了大搞颜色革命、推广美国制度模式的场所。美国发动阿富汗战争后仅三年，乌克兰和中亚国家就相继爆发颜色革命，并向邻近地区蔓延。

随后，伊拉克和阿富汗建立起西方式的政治制度，卡塔尔颁布新宪法，巴林举行首次西式选举，科威特举行国民议会直接选举并任命第一位非王储身份的首相，摩洛哥规定妇女和男子在经济和政治上一律平等，埃及成立了国家人权委员会。

2011 年，中东、北非的伊斯兰国家相继出现政局动荡，利比亚甚至发生内战。一些国家因外部干涉出现政权更迭。

在这一演变过程中，美国凭借其霸权势力，强行推销其信奉的政党、选举、议会、舆论传播等“民主化制度”，并且公然在其他国家培植反对派，甚至像教师爷一样要求其他国家执行美国设计的方案。这是对世界民主的公然破坏，也给有关地区国家造成治理灾难。

美国利用“反恐”这块招牌在全球部署军力，在多国推行政治制度和意识形态演变，组织操纵街头运动、颠覆性选举、政治暗杀等事件，甚至不经法律程序直接为他国指定“总统”，导演相关国家政权非正常更迭。这是典型的霸权主义行为。其实，美国以前也是这么做的；只不过，在美国成为全球唯一霸权国家后，它就更加肆无忌惮了。

可以说，美国发动的意识形态战超越了地缘政治战，已经成为欧亚大陆腹地不可回避的现实。面对这一挑战，中国必须采取积极主动措施，维护自身意识形态安全。

2011 年 12 月，美军撤出了驻扎在伊拉克的大部分部队，奥巴马同时宣布所谓“重返亚太”战略（后正式更名为“亚太再平衡”战略）。

这是自“二战”以来，美国第二次明确提出地缘战略重心所在。上一次是冷战即将开始时，以乔治·凯南八千字长电为基础的国家安全 NSC68 号文件，明确提出将欧洲作为战略重心。此后 60 多年的时间里，经过朝鲜战争、两次柏林危机、越南战争、古巴导弹危机、苏联入侵阿富汗、东欧剧变、苏联解体、“9·11 事件”、阿富汗战争、伊拉克战争，美国始终将欧洲、中东作为其战略重心，保持战略进攻态势。而在亚太地区，美国的战略动作只是维持主导地位，并不寻求进攻。

因此，这一次美国明确将亚太地区作为战略重心，表明其不再满足于做一个态势主导者、战略力量平衡手的角色，而将采取主动的战略动作，以增强美国在亚太地区的战略利益。

在冷战的 50 年左右时间里，美国在亚太地区开展了两场大规模战争（朝鲜战争和越南战争），其公开宣扬的理由是所谓的维持现状。其实，美方所谓的“维持现状”是虚伪的，即让对手保持落后的、收拢的、不争的“现状”，而美国及其盟友则可以扩大战略优势，提高军事威慑。美方所谓“维持现状”的说法具有一定的欺骗性，应当予以揭露。

美国惯于玩弄战略平衡术，用这种平衡术增强霸权。比如，朝鲜战争中，美国与中国军队进入胶着状态后，便将战线维持在三八线附近，与中国谈判。越南战争中，因战事久拖不决，美国为了政治上体面，决定从越南撤军。“9·11事件”爆发后，美国忙于在中东和中亚“反恐”，在中日之间发生钓鱼岛、历史教科书等矛盾冲突，美国也采取了大致平衡的手法。

在20世纪90年代朝核问题上，美国对朝鲜提出的“朝美直接会谈”要求不予理会，其战略意图是避免单独应对朝核问题，从而维持多方互相制衡态势，以维护朝鲜半岛的战略平衡。

从以上史实可以看出，美国60多年的亚太战略是制造并维护地区矛盾，利用这些矛盾扩大自己的干预能力和霸权增量。

而美国“重返亚太”，由“平衡”为主的行为模式，转变为主动出击、主动塑造的行为模式，是历史性的调整。所以，便有了美国高调介入南海问题，更加注重与东南亚和南亚小国的关系，推动美日韩三国军事同盟，并在北极地区与俄罗斯争夺。

在经济领域，奥巴马政府企图利用TPP机制主导地区经济秩序。虽然特朗普政府暂时打乱了美国亚太政策的个别安排，比如退出TPP机制，但美方主导亚太秩序的政策基调并未改变。拜登政府推动所谓“印太框架”（IPEF），声称与中国竞争，实为封堵、遏制中国。

笔者认为，美国把战略重心向亚洲移动的计划，不可能随心所欲。既有的热点矛盾，如巴以冲突、伊朗核问题将随时发酵。2022年2月，乌克兰危机爆发，使得欧洲局势发生重大调整，美国虽然明面上不向乌克兰派地面部队，但其通过武器援助、训练乌克兰军队介入俄乌冲突，通过北约部队强化在东欧的驻防，都将限制美国向亚太地区投入军力。

虽然从美国近两年发布的国防预算报告等官方文件来看，美方已经把中国作为最重要的战略对手。但从中国行为模式和中国可能对美国造成的压制程度来看，仍是大国中最温和的。其实，中国无意主动对美施加压力，而是维护自身的主权权益和发展利益。在中美之间，如果说谁给谁施压的话，首先受到质问的不应该是中国，而是美国。

如果美国战略家能够做出冷静的分析，那么，中美之间爆发全局性严重对抗的可能性就会很小。如果不是这样，就不能排除发生严重冲突。

中国强调“共同、综合、合作、可持续的安全观”，坚持通过对话协商以和平方式解决分歧和争端，妥善解决历史遗留问题，中国并不谋求一家独大，不谋求势力范围。

保持区域总体稳定，对中美双方的战略发展都有利。双方对具体事务的不同看法、不同利益诉求，应当通过沟通协商来解决。双方应当也可以保持和平竞争，保持和维护战略利益平衡。美国应当从和平稳定大局着眼，平等地与中方商谈有关问题，而不应该颐指气使，顽固地走霸权之路。

当然，中国完全有信心，以更加宽广和灵活的战略思维来处理中美关系。战略均衡总是相对的、变化的。就美日同盟而言，美国战略重心东移并不是日本向外扩张的战略机遇，相反，是其对外扩张的枷锁。因为日本越是“走向海外”，就越依赖于美国，这和美国东进的战略是对冲的。中国可以利用美国的东亚部署和美日同盟的脆弱性，参与调节美国在东亚的平衡战略，从而增强中国在东亚的战略地位。

显然，东亚和东南亚是全球主要大国都关切的地区，任何一个问题都不可避免地引起大国的介入。

这个地区存在多个历史遗留问题，包括北方四岛问题、朝鲜半岛问题、台湾问题、钓鱼岛问题、竹岛（独岛）问题、南海问题。对于任何一个问题，如果介入的各方都不妥协，则不可能实现和平。并且，这些问题都不是孤立存在的，一旦其中的一个矛盾爆发，就会引发连锁效应。

这些矛盾焦点触及马六甲海峡、南海、台湾海峡、东海、日本海，涉及中国的战略利益和发展利益、美国在西太平洋的战略利益、日本的生存利益，涉及区域内国家的整体安全和发展权益。这条线既是石油、贸易、原材料输送的生命线，也是域内开发海上海底资源的生命线。维护这一区域的总体和平稳定，对各方都有利。个别国家试图以军力谋求"超额利益"，则可能导致现实冲突。

和平解决东亚和东南亚地区争议问题，根本途径是加强域内国家友好协商和务实合作。就争议问题进行和平协商；一时解决不了的问题可以暂时搁置。要排除域外国家的干扰，坚持本地区事务本地区做主。

中国与东盟保持友好合作关系，这是符合双方发展利益的。因为双方一旦发生大烈度冲突，必然导致美国、日本联合介入，从而使冲突甚至战争长期化，严重损害地区安全和发展。

中日之间稳定战略安全关系至关重要，因为这关乎美国介入问题，也关乎日本理性发展问题。如果日本破坏东亚安全稳定大局，必然产生一系列对包括中国在内的诸多国家和地区不利的连锁反应。

从世界发展大势出发，全球化势不可挡。即便 2008 年以来出现了全球化的回头浪，但全球化必定会重回正轨，继续向前。从长远看，东亚区域一体化是必然选项，中、日、朝鲜半岛、俄罗斯远东地区应该共同形成一个自由贸易区。事实上，从 2013 年起，中、日、韩自由贸易协定已经过多轮谈判，但进展比较缓慢。2020 年 11 月，东盟十国和中国、日本、韩国、澳大利亚、新西兰共 15 个亚太国家签署了《区域全面经济伙伴关系协定》，成员国已经享受到协定带来的发展红利。尽管中、日、韩都包含在其中，但这还不能代替中日韩层面的协定。尽快达成三方贸易协定，并吸收周边国家参与，对于地区经济繁荣和政治稳定是有利的，各方应当继续加以推动。

经济合作可以促进政治互信，但经济合作不能完全代替政治和军事层面的博弈。所以，无论针对东亚和亚太事务，还是针对全球事务，都要统筹经济、政治、意识形态、军事等因素，加强大国之间的沟通对话，多谋共同发展利益，努力化解和攻克冲突点。

中国在“二战”后的 70 多年里，通过反对霸权、参与国际协调、顺应和推动经济全球化、解决周边争端难题，充分展示了求和平、讲道理、促发展、有担当的大国形象。尤其是进入 21 世纪以来，如何化解中国崛起对外部世界的冲击成为中国外交的新任务。在解决亚太地区影响和平稳定难题、解决世界范围内冲突挑战进程中，中国思路、中国方式将继续发挥作用。中国也有能力、有底气解决好中国周边的难题和挑战。中国将继续维护与包括美国在内的所有主要大国的合作关系；继续与亚太地区国家一起努力，维护区域和平稳定；继续坚持在一个中国原则下推动祖国完全统一；继续维护朝鲜半岛稳定和推动无核化进程。

中华民族又一次挺立在世界潮头，迎接风云变幻的未来。

下篇 新型现代化和新的引领者

自汉唐以来，中国历经两千多年文明昌盛时期，其间虽有无数起伏跌宕，但始终以雄姿屹立于世界东方，文明延绵不绝。然而，从 1840 年起，古老中国遭遇重重冲击，付出巨大代价，尔后痛定思痛，奋发图强，走过千山万水，历经千锤百炼，终获新生，走上现代化发展之路。

我们回望中华民族近 200 年来的漫漫长路，体悟先人们经历的苦难和不懈奋斗历程，从中汲取经验教训和前行的力量，是为了审视今天正在走的路，走好未来的路。

历经被动挨打第一阶段，自强新生第二阶段之后，中华民族进入了第三阶段——崛起复兴。

从鸦片战争至今，中华民族历尽艰辛，由落后的挨打者转变为适应者，又由适应者转变为新秩序的平等参与者、共同塑造者。之所以发生这样的历史嬗变，是一件件重大事件不断累积并导致人类所处的生存环境发生质变后，世界秩序又一次抵达周期性变化的临界点：一是，180 多年来欧亚大陆及周边海域尚未出现有利于共同安全与繁荣的权力架构。二是，冷战以后，美国成为唯一的超级大国，并在“9·11 事件”后试图重构世界，导致乱象丛生。

回望历史，霸权主义可能在某一时段看起来很强大，甚至可以塑造世界秩序，但其从一开始就是和平秩序的破坏者。正是由于这一反文明因素的存在，人类在近200年里经历了两次世界大战，又经历了漫长的冷战。冷战后，美国试图用其霸权模式改变和塑造世界，却导致了更多混乱和血腥。世界需要塑造一种新模式——彻底摒弃霸权基因的共商、共建、共享的和平发展模式。

未来世界秩序究竟会呈现何种样貌，目前并不知晓，但我们已经触摸到她的脉搏、倾听到她的呼吸。

美国的“塑造者”之旅

他山之石，可以攻玉。

——《诗经·小雅·鹤鸣》

一个民族的身份重构必然是历史经验和未来创意之间的一种平衡。而这种平衡并不会轻易达到，往往要经历艰辛探索，有时甚至经历了艰辛探索依然会失败。英国的伊丽莎白时代，美国由孤立主义向国际主义转变的时代，德国的俾斯麦时代，法国的黎塞留时代，俄罗斯的彼得大帝时代，相继完成各自国家角色的转变，其间的艰辛不尽相同。

身份重构的确充满各种风险，也会带来新的景致，否则，世界就不会如此丰富多彩。曾经有多个强盛大国，在角色转变中迷失了方向，甚至酿成大错。他们告别了往日的辉煌，但还不能算失败国家，只是在角色转变时发生了节奏和力度之失。

黎塞留时代，法国的角色转变是成功的，由一个被哈布斯堡王朝荫庇的二流国家转变为欧洲秩序的构建者。法国之后便很少有成功的角色转变。先是路易十四，四处征讨，成为欧洲的众矢之的。再是拿破仑，独立支撑法国大革命后的危局，希图东山再起，但最终战败。经过休养生息，刚在克里米亚战争中有所起色，又败给了普鲁士，最终沦为二流大国。从此以后，法国只能做一个跟随者。虽然在“一战”中勉强取胜，但国力和自信已耗损殆尽。“二战”开始不久，就被迫投降。“二战”后，戴高乐希望法国成为振兴欧洲的中心，但自身实力不足，又有美国施压，终是无力回天。

1871年德国统一后，由欧洲的弱势国家，突然成为欧洲的政治中心。为了稳定局势，德国对邻国采取安抚和弹压并重的政策。俾斯麦去职后，德国开始四面树敌：威廉二世好大喜功，与英国展开海军竞赛，与俄国在东欧交战，激化法德世仇，直至发动第一次世界大战，最终战败。1933年希特勒执掌德国，野蛮扩张，同时与英苏美大国为敌，疯狂进攻导致了疯狂的失败。战后，德国实行东西分治，成为冷战桥头堡。

俄国从欧洲的边缘小国崛起，不断向四周扩张。在“一战”胜利后，建立苏维埃国家，攻城略地，吸收一系列小国加盟。在“二战”中取得胜利，迅速崛起为跨欧亚大陆的强大国家，掌控欧亚大陆的强大陆权。苏联在建设现代化国家的道路上并不顺利，内部治理体系和国际战略均有缺陷，崇尚并推行霸权，将大量人力物力财力投入到军备竞赛中。冷战时期，苏联既受到西方遏制，其自身又行大国沙文主义，陷入内外交困，最终走向衰落和解体。

这三个陆海大国的角色转变都不成功，因为陆海大国地缘政治的复杂性远超纯海权国家，所以，在国际位势、地缘政治变换之时，往往难以突破思维定式，容易受到既往成功经验的反噬。

近180多年身份重构成功的大国，只有20世纪初的美国和“二战”后的英国。

美国处于有利的地理位置，两面都是大洋，这就形成了与欧亚大陆政治纷争和军事冲突相互隔离的状态。美国立国之初，虽然国力还比较弱，但也试图像欧洲列强一样争霸，要拓展海外贸易。它面临的主要冲突方就是英国。但美国很幸运，英国恰因法国大革命、拿破仑战争以及克里米亚战争而自顾不暇，没有更多精力去遏制正在崛起的美国。所以，美国可以在海权并不强盛的情况下发展贸易，并抓紧发展本土的经济、文化、教育等。在美国海权没有崛起的背景下，采取中立立场，对英国和欧洲列强都尽量保持温和态度，不介入欧洲列强的纷争。

而列强们看美国国力弱小，又希望拓展海外市场，就都希望把它纳入自己的控制之下，使其成为附庸。法国曾在美国独立战争期间与美国共同对抗英国，按道理应该平等对待美国，但在美国独立战争后，法国却把美国作为对抗英国的一个筹码。那时欧洲列强的做法，给美国人带来心理创伤，埋下了美欧战略性心理隔阂的种子。随着时间推移，这颗种子已经长成树木。虽然美欧互为盟友，但盟友之间的战略矛盾、现实矛盾并不少见。

当时，美国国内也有政治纷争，但各派势力一致赞同对欧洲采取中立主义立场。中立主义表面上不介入，实际上是另一种介入。美国和欧洲发展贸易，打商业牌，可以用更加灵活的方式处理与欧洲各国的关系，可以实现贸易收益的最大化。

当然，所谓的中立也不意味着可以获得绝对安全。比如1812年第二次英美战争期间，英军甚至把美国的白宫都烧了，还强迫美国签署了屈辱性的《杰伊条约》。

美国持所谓的中立立场，也是由国力相对弱小决定的，是尽量减少纠纷、谋求利益最大化的一种策略。

美国以中立国姿态介入欧洲事务，有如下原因：美国和加拿大传承了欧洲文化，而拉丁美洲国家没有，欧洲列强很自然地会支持与自己文化接近的国家。美国很快就胜出了，成为欧洲事务唯一的外部调停人。美国比照欧洲列强争霸的思路，确定了自己的美洲战略，即美洲是美洲人的美洲，欧洲列强不应介入。于是，就出现了“门罗主义”，其核心原则是，欧洲列强不能继续在美洲大陆扩张和殖民。这样，美国独家掌控美洲大陆的资源支配权和政治协调权。

美国既是欧洲事务的唯一外部协调人，又是美洲事务的掌控者。但欧洲却一直未能产生一个“霸主”，而是长期处于动荡之中。对英国和欧洲大陆来说，来自美洲的挑战并不是美国越来越强大，而是美洲越来越稳定。由于美洲形成了结构性、趋势性的稳定，即使美国不成为美洲霸主，美洲作为一个整体，也迟早会发展成为一股独立的政治力量。

美国还将门罗主义推广到其他地区，比如在亚洲提出了“门户开放”政策。门户开放政策和门罗主义、中立主义是相互关联的——在美国国力弱的时候，它的目标是“能参与就好”，所以实行“中立主义”；当它在区域内由弱转强的时候，其目标是“一家独大”，所以强调“美洲是美洲人的美洲，这里的命运只能由这里的人来主宰”（门罗主义）；当它强盛的时候，要到其他地区开辟市场，它就说“人人都应该有份”，是谓“门户开放”。

美国针对中国提出的门户开放政策，基本原则是：确保清朝的领土完整和主权独立，但要求清政府开放更多的城市，为所有列强打开更多的贸易空间。美国这种将政治和经济策略分开的方式，得到了清政府的认可。清政府认为，只开放市场，而不出让主权和割地赔款，这种争夺方式优于其他列强的争夺方式，至少面子上是可以接受的。美国利用经济力量和“道德牌”，在亚洲后来居上。

但其争夺利益的强势，必然遭到欧洲列强的反制。于是，1898 年爆发了欧洲老牌帝国西班牙和新兴帝国美国之间的战争。美国打西班牙，也是拣软柿子捏。最终，美国战胜了西班牙，迫使其放弃在美洲的殖民地古巴，还将其在亚洲的殖民地菲律宾转交给美国。美国还乘机占领了关岛（原属西班牙）、波多黎各（原属西班牙）、威克岛。

美西之战意味着一个新崛起的强国和一个衰落的老牌强国之间的碰撞，反映了世界秩序变革的萌芽。美国占领菲律宾，也使它在亚洲地区拥有了一个桥头堡。从此，欧洲列强不再小视美国，而将其作为可拉拢的对象。美国的国际影响力和参与力快速增强。

其实早在“一战”之前，美国就意识到孤立主义已经不适应形势的发展，因为欧洲的混乱局面不仅使美国失去了大市场，而且还会给美国制造麻烦。美国在欧洲列强中既要保持中立，也要根据实际情况参与调停。美国调停的目的，就是塑造于己有利的全球商业秩序。

在“一战”时期，美国虽然乐于拓展军火贸易，但是，战争毕竟会使其他商品市场萎缩，最终影响美国的全球利益。因此，美国希望战争在一定条件下停止。这个时候，美国就提出了“加入战争是为了消灭战争，而不是参加哪一方的联盟”的主张，即“威尔逊主义”。显然，威尔逊主义更有利于海权强大的国家，即英、法、俄协约国。因为只有海军出得去，才能够打赢。而且打仗也需要更多的武器。

美国既销售了武器，又锁定了战争赢家，可谓两方面获利。但另一方面，美国提供更多武器也延长了战争的时间。而延长战争意味着“威尔逊主义”失败。

“一战”后，美国希望尽快实现欧洲稳定，于是加紧调停，甚至宣称美国有为维护世界和平进行调停争端的特殊权利。德国由于人口众多，没有受到战火的蹂躏且处于欧洲中心地带，具有重要的地缘政治地位，支持德国尽快复苏，就可以带动整个欧洲的复苏。这样做，还可以抵抗苏联的压力。美国把德国作为战略支撑重点，与英国的“欧洲均势”政策有关。美国也希望欧洲处于“均势状态”，这样才有利于美国主导欧洲事务。

美国扮演国际调停者角色，不仅在欧洲调停，也在亚洲调停，这事实上扩大了美国在国际事务中的霸权。那时，亚洲内部同样没有一个可以独立主导地区事务的国家。中国虽然是战胜国，但由于国力太弱，不可能担当秩序的塑造者。而当时新生的苏联，要应对欧洲列强的围剿，不可能到东亚与美国争锋。

早在 1904 年至 1905 年日俄战争时期，美国就曾在亚洲扮演过调停者角色。当时，美国将日俄谈判代表邀请到美国开会，足见其影响力之大。美国针对中国提出“门户开放”政策，主张各列强在中国通商口岸及势力范围内机会均等，但表面上保持清朝的行政权和领土完整。基于美国的这一前例，其居间调停得到了俄日双方的认可。美国借调停之机，对战胜了俄罗斯的日本进行遏制，坐收渔翁之利。

美国还利用“一战”结束的机会，进一步遏制日本，以《海军公约》（即《美英法意日五国关于限制海军军备条约》）体面地埋葬了英日同盟。

面对美国施压，按道理日本可以寻找外力支持。但由于历史原因，中国不可能支持日本对抗美国；新生的苏联虽然需要与日本在远东开展合作，但由于日本参与了西方国家围剿苏俄的战争，不可能谅解日本。

"一战"以后，美国在欧洲的影响力大大降低，在亚洲的影响力则逐步增强。

在 1929 年爆发世界性经济危机后，美国又借机加强了对欧洲的战略投入。这时，因在"一战"后受到苛刻的惩罚，德国燃起了极端民族主义的火焰。如果当初英法能够和美国协调一致，不对德国实施苛刻的惩罚措施，也许就不会导致希特勒执掌德国。

而欧洲发生新的混乱，又一次制约了美国的宏大贸易战略。这一次，美国不再像"一战"时那样持略带暧昧色彩的中立立场，而是明确地站在英法一边，反对德国的纳粹主义和苏联的社会主义。但同时，由于英法在战后债务偿还问题上出尔反尔，也引发了美国的不满。因此，此时执政的罗斯福总统采取了遏制战争、重塑欧洲的政策。

从罗斯福时代起，美国对欧洲秩序的塑造超越了经济和安全层面，而是从整个地缘政治高度考量。因此，美国彻底抛弃了孤立主义，也将调停者角色升级为了塑造者角色，实际上成为欧洲秩序的主导者。

此时的美国，凭借其庞大的经济规模和贸易网络，不仅可以左右欧洲，而且可以左右全球其他主要市场；反过来说，美国是全球市场的最大依赖者，美国既要向全球销售产品，也要从全球获取资源能源。而连接全球市场的资本，也已经聚集到美国和欧洲国家手中。从这时起，全球化、一体化的贸易体系和能源资源供应体系开始萌芽了。

美国已经成为一个全球性的国家。对美国而言，所谓的中立立场、孤立主义过时了，美国开始强化其全球霸权战略。

在“一战”结束后的巴黎和会上，美国因获得了足够的战后利益分配，拒绝签署《凡尔赛和约》，这就导致在其后塑造欧洲秩序的过程中，美国参与的力度和深度受到局限。当然，美国后来在华盛顿会议（1921 年 11 月 12 日至 1922 年 2 月 6 日）上又争得了海上霸权利益，终结了英国的海上霸权。

在“二战”之后，美国汲取“一战”时的教训，强力介入欧洲秩序。问题是，美国介入欧洲事务远远超过了一般意义上的调停者角色，而是借机坐大势力，从军事、政治、经济等各个领域嵌入欧洲治理，并以此为基础，将自己的意志强加于人，在全球进行军事、政治干预，成为世界秩序不稳定的重大因素。

中国复兴与世界新秩序

宇宙只有一个地球，人类共有一个家园……珍爱和呵护地球是人类的唯一选择。

——习近平，《共同构建人类命运共同体》

国家弱小有风险，那是生存风险；国家强大也有风险，那是地位风险。由弱到强的国家，则同时面临着两种风险。今天的中国走向民族伟大复兴，这条路没有参照系，没有预设好的驿站，这就注定，前进路上难免要遇到疾风暴雨，甚至狂风骤雨，这就要发扬斗争精神，焕发斗志意志，同时要增强斗争本领，掌握斗争艺术。在敢于与强敌斗争和应对自然界挑战的同时，要团结更多的人，凝聚更大范围共识。

历史上，大国崛起之路往往与战争相连，要么通过战争取代原有的大国，要么战败、重新陷入衰落。如，英国通过英西战争取代西班牙，成为海上霸主，在全球建立殖民地；法国通过30年战争取代哈布斯堡王朝，成为欧洲强国；俄罗斯通过北方战争，成为地跨欧亚大陆的强国；普鲁士通过普奥战争和普法战争，统一德国，进而取代法国和奥地利成为欧洲大陆最重要的强国；美国通过两次世界大战，又经过漫长的冷战，不断扩大霸权，最终成为全球霸主。这些历史事实，反映了大国竞争的旧有范式。

这样的历史给人类、给各国以深刻的教训：大国之间激烈对抗、生死对抗，造成了生灵涂炭，给世界发展造成更多的不平衡、不公平，会形成恶性循环。大国竞争应停止走这样的老路。

中华民族走上了民族复兴之路，并且越来越接近民族复兴的彼岸。经过太多战乱和压迫的中国，如今强大了，决不能走大国零和博弈的老路，而要塑造大国和平崛起的新路。

中国作为有悠久历史文明和饱经战乱的大国，更知和平和公平正义的宝贵。中国崛起不仅是一国和一民族的崛起，而是承担着影响和塑造全球秩序的使命。中国不但要维护自身安全和发展利益，而且要维护区域和全球的安全和发展利益。因此，中国自身“位和势”的提升，不仅是中国发展强盛的标志，也是人类建设更好秩序、实现更好发展的标志。

欧亚大陆是现代人类文明的核心承载地。欧亚大陆稳定，世界才能稳定。中国是欧亚大陆的重要成员。汉唐时期，中国通过丝绸之路与欧亚大陆很多国家建立了政治友好、文明互鉴、经济互惠的关系，这一中华民族的优秀基因和优秀传统，是人类文明的瑰宝。新时代的中国，要继承发扬本民族传统文明，同时运用当代工业文明、贸易文明、法治文明的成果，与欧亚大陆各国共建公平正义、互惠互利的新秩序。

习近平总书记就任中国最高领导人后，提出构建人类命运共同体、建设开放型世界经济等主张。中国积极推进“一带一路”国际合作，以平等和建设性姿态参与多边组织、签署多边合作协议。中国以诚信和实际行动推动建立更加公平、更加包容、更加普惠、更加和平的世界。

然而，树欲静而风不止，中国作为一个正在崛起和发挥引领功能的大国，必然面临守成大国和守成势力的压力和威胁，主要表现为：(1) 海权压力。主要来自美国和日本的围堵和孤立，这种围堵和孤立与意识形态斗争相互交织。(2) 陆权压力。欧亚大陆存在区域性动荡风险，这种风险与民族矛盾、民族冲突相互交织。这种风险并不会因为大国的理性而消失，并且，如果大国之间的协调不理想，还会加剧这类冲突。(3) 传统势力压力。欧亚大陆的其他大国是否愿意与中国一起走和平发展之路，而不用大国优势主动发起战略冲突，存在疑问。而这三个风险有时是同时发挥作用的。

显然，中国不可能同时应对这三种风险。而假设其中的任何一种风险到来，中国采取传统方式应对，也将对中国自身和全球安全带来重大冲击。对中国自身而言，会造成巨大的国力消耗，损害发展利益；对世界来讲，由于重蹈大国零和博弈的覆辙，增加动荡因素，也会给全球安全发展带来损害。

20 世纪 80 年代，邓小平做出的和平与发展是当今世界时代主题的重大判断，本质上是有利于世界和各国人民发展的，随后的实践也在相当程度上促进了世界和各国人民的福祉。当然，“和平与发展”之下，局部战争冲突也时有发生，但总体上，东西方之间、南北方之间加强经济贸易往来和政治沟通协作是主流。但在 2000 年前后，这一状况遭到破坏，地缘冲突出现增加趋势。这主要是由于美国等少数国家长期固守霸权和冷战思维，推行强权政治，甚至采取武力或其他暴力手段解决矛盾，甚至提出人权高于主权的新干涉主义。这种“以暴制暴”的方式祸害无穷，必须遏制和消除。

中国的角色转换、身份重构的时空背景和条件，不同于历史上任何一个时期。从德意志统一到冷战结束，大国发展及其对世界格局的塑造，往往在于塑造地缘政治利益，特别是强化主导国的利益。甚至作为“二战”后对国际事务起着重大协调作用的联合国机构，有时都被超级大国所利用。

中国上升为世界舞台主要角色，所承担的使命不仅是维护和平、在和平环境中寻求更大的发展，而且，应该创新制度、创新理念、创新路径，树立起缔造和平的角色。缔造和平，既要重视历史上均衡战略的经验，也要超越这一经验。缔造和平，重心是构建稳定的国际秩序，推动大国之间、地区之间、各国之间缓和矛盾，增进共同利益，为最终解决矛盾创造条件。要通过机制的创新性构造，推动以联合国机制为基础的全球治理体系的改革，消除全球公共威胁，增加全球公共安全的增量，塑造和做大全球公共安全的压舱石。塑造这一机制，重心应放在欧亚大陆上。因为欧亚大陆作为全球最大的陆权和海权汇聚地，决定着全球利益走势和战略安全走势。

中国的角色转变无法回避美国这个全球性因素，因为美国不但对全球的市场、能源、金融、军事、安全、信息有强大的渗透能力和干预能力，而且通过意识形态的塑造，在全球各地构建了意识形态的网格矩阵。在欧亚大陆均势的调整进程中，亲美力量和反美力量经常发生冲突。加上美国拥有全球网络和全球传播体系里大部分资源，它可以很方便地发动意识形态攻势。

中国以建设人类命运共同体，推动构建全球安全、发展、文明新秩序为己任，主动搭建全球公共平台，提供全球性公共服务产品，在很多领域都可能形成与美国的对撞。而从近十年来美国对中国行动的反应来看，其遏制中国发展的意愿极为强烈。2017年12月，特朗普政府发布第一份《国家安全战略报告》，指出“世界已经重回大国竞争时代”。美国面临的多重安全威胁：“一是俄罗斯和中国等‘修正主义国家’挑战美国世界领导地位；二是朝鲜和伊朗等‘危险的无赖国家’在重要地区有意制造危险；三是恐怖主义、极端主义、犯罪集团造成洲际和跨国威胁。”

2022年3月美国政府公布的2023财年国防预算，达到8133亿美元的历史新高。而2021财年国防预算为7535亿美元，2022财年为7820亿美元。与政府预算配套的，是美国国防部的《2022年国防战略》报告，其中强调中国是美国“最重要的战略竞争对手”。这份文件的第一条是“应对中国日益增长的多领域威胁”，第二条是“阻止对美国、盟国和合作伙伴的战略攻击”，第三条是“中国在印太地区的挑战是优先事项，然后是俄罗斯对欧洲的挑战”。2022年10月中旬，美国政府发布的《国家安全战略》报告，把中国列为“最大的地缘政治对手”，即所谓“唯一可能综合利用经济、外交、军事和科技力量持续挑战稳定、开放之国际秩序的竞争者”。可见，美方歪曲中国的发展战略，把中国追求和平发展、维护自身发展权益的诉求抹黑为“挑战国际秩序”，充分说明美方只许自己发展，不接受中国发展强大的黑暗心理。

近年来，美国在不同场合都强调把中国列为最重要的战略竞争对手。美国不但对中国的科技企业进行打压，而且对中国的一般贸易进行遏制，威胁和实质干扰中国获取资源能源的通道。中国要突破美国的军事、政治和经济封锁圈，需要展现耐力，增强“攻心之力”。中国要运用既有的国际平台和机制，也要建设增量的国际平台和机制，特别是让发展中国家加入这些平台，让他们感受到实实在在的利益。

目前，由中国倡议、与多国共同推进的“一带一路”国际合作机制，已经成为全球重要的公共产品。自 2013 年习近平主席提出倡议后，各方遵循共商共建共享原则，把基础设施“硬联通”作为重要方向，把规则标准“软联通”作为重要支撑，把共建国家人民“心联通”作为重要基础，推动共建“一带一路”高质量发展，取得了重大成果。截至 2023 年 6 月，中国已与 152 个国家、32 个国际组织签署 200 多份共建“一带一路”合作文件。截至 2021 年 11 月 20 日，在各方共同努力下，“六廊六路多国多港”的互联互通架构基本形成，一大批合作项目落地生根。从 2013 年至 2022 年，中国与沿线国家和地区货物贸易额累计达到 2.07 万亿美元，与沿线国家双向投资累计超过 2700 亿美元。据世界银行研究报告，到 2030 年，共建“一带一路”倡议将使相关国家 760 万人摆脱极端贫困、3200 万人摆脱中度贫困，将使参与国贸易增长 2.8%至 9.7%、全球贸易增长 1.7%至 6.2%、全球收入增加 0.7%至 2.9%。

要进一步发挥好“一带一路”机制的作用；同时，在世贸组织、区域全面经济伙伴关系协定（RCEP）等贸易机制中，加强与各国的经贸合作。要在联合国体系机制内，加强与各国的合作。

中国致力于共同构建人类命运共同体，将继续加强与世界主要国家的沟通机制，就重大国际问题和地区问题展开对话协商，增进互信，探讨良方。

继“一带一路”倡议后，习近平主席又在第 76 届联合国大会一般性辩论时提出“全球发展倡议”，在博鳌亚洲论坛 2022 年会开幕式上提出“全球安全倡议”，在 2023 年中国共产党与世界政党高层对话会上提出“全球文明倡议”，推动全球发展共同体、安全共同体、文明对话合作网络建设，为人类和平与发展事业注入新的动力。

中国坚持世界命运应该由各国共同掌握，国际规则应该由各国共同书写，全球事务应该由各国共同治理，发展成果应该由各国共同分享。倡导真正的多边主义，反对一切单边主义、保护主义、霸权主义和强权政治。坚持按照事情本身的是非曲直决定立场，提出并践行中国特色热点问题解决之道，推动伊朗核问题、朝鲜半岛问题、阿富汗问题、中东问题等热点问题的政治解决。积极开展南南合作，坚定维护发展中国家的正当权益和发展空间。

党的二十大报告强调：“中国式现代化是走和平发展道路的现代化。我们不走一些国家通过战争、殖民、掠夺等方式实现现代化的老路，那种损人利己、充满血腥罪恶的老路给广大发展中国家人民带来深重苦难。”中国式现代化道路为人类实现现代化提供了新的选择，创造了人类文明新形态。这条道路不是传统大国崛起的翻版，不是国强必霸的再版，而是造福中国、有利于世界的正道。中国外交坚定站在历史正确的一边，站在人类文明进步的一边，高举和平、发展、合作、共赢旗帜，在坚定维护世界和平与发展中谋求自身发展，又以自身发展更好维护世界和平与发展。

领跑者攻略

物新则壮，旧则老；新则鲜，旧则腐；新则活，旧则板；新则通，旧则滞，物之理也。

——康有为，《上清帝第六书》

各个民族，犹如达喀尔拉力赛中型号、速度、驾驶员都不同的赛车。处于领先地位的民族既是领跑者，也是开拓者。领跑者的最大优势是引领方向，让跟随者认同，让追赶者焦虑。领跑者的最大风险也来自于引领方向，行前人未行之路，看前人未看之景，也要付出更大的艰辛、处置未知的困难。跟随者是天生的模仿者，分享领跑者带来的红利即可。追赶者可能暂时是模仿者，但他也有可能抓住机遇另辟蹊径，抵消领跑者的优势，成为又一条道路上的领跑者。

世界发展的大势反复证明，领跑者不一定永远领路，追赶者不一定永远跟随。一个国家和一个民族，是领跑者还是追赶者，起关键作用的因素是变革和团结。

领跑者的变革，在于通过调整和优化模式，让追赶者忍不住模仿自己。领跑者必须把所有事都做好，才能保持优势。追赶者的变革，在于形成自己的长板能力，并用它去制约领跑者。追赶者也许只做好一件事，就可以击垮领跑者的优势。

通常，领跑者面临的威胁更加多样，扩展能力的压力更大；追赶者面临的威胁不可能像领跑者那么多样，只要关注那种致命的威胁即可，对能力需求的压力较小。领跑者也容易滋生惰性，而追赶者变革的意志更加强烈。

中华民族遭鸦片战争一击，其后屡遭欺凌和屈辱，根本原因是长时间丧失了变革动力，即使想改革也只是修补式的，而不是系统性的。在一些时期，由于内部纷争，拿不出应对追赶者、超越者的协同方略，进而更加不团结甚至失去团结。痛定思痛的中华民族，更加体悟到变革和团结的强大功用。中华民族从鸦片战争以来取得一个个成功，都是靠变革和团结；中华民族越来越接近伟大复兴，要靠持续变革和更加团结。

忧患意识和探索创新意志对一个民族的可持续发展至关重要。从 15 世纪开始，西欧国家使用远比中国落后的风帆技术进行海上探险，发现新大陆，发展新型商业公司，推动资本输出，从而建立海上霸权。而同时代的中国，海上力量在世界遥遥领先，但封建王权统治者的思想僵化，没有向海拓展的动能，守土而不望海，更谈不上探海。在郑和于 1405 年至 1433 年七次远航之后，竟然退回到了“寸板不能下海”的地步，导致海上力量衰落，海上匪患丛生。

百余年来，人们多次叩问：为什么惨败者往往是拥有过伟大历史和辉煌战果的民族？孟子答曰：生于忧患，死于安乐。历史的沉痛教训是，拥有往往意味着停滞，辉煌往往意味着满足。成功者、强大者、领跑者，极易滋生骄傲和满足情绪，而真正强大的民族，必须保持“自我革命”的精神和强大进取意志。而高层起着关键作用。

近代历史上，中华民族最为危险的时刻，一是清朝倒台前至第一次世界大战爆发，二是国民党完成中国形式上的统一到西安事变爆发。这两个时期，中国内外交困，当政者腐败无能，外有强国侵略掠夺；那时，所有列强都在中华大地贪婪地建立势力范围或变相的势力范围。

外部强烈的威胁，激发了中华民族变革和团结的力量。“一战”“二战”以激烈冲突的方式，检验了主要参与国的实力，中国的地缘政治价值也凸显出来，这令中华民族警醒，以种种方式自救图存。但每次大战后，中国又会受到邻居的欺侮。发生这样的怪圈循环，主要是因为缺乏一个团结进取的高层政治集团，缺乏一个统一全民族意志的政治领导核心。这也必然导致外部侵扰因素乘虚而入。

今天，中华民族进入伟大复兴的关键时期，我们早已越过了一盘散沙时期，也越过了左右彷徨时期，我们拥有敢于变革、敢于弄潮的政治领导核心，深悟超越意识形态、超越历史羁绊，甚至超越国家、民族概念的人类共同价值。我们已经开始扮演领跑者的角色，与各国、各民族的人们一起，开展一场卓绝的大行进。

中国担当好这个领跑者角色，必须进行自我扬弃。

第一，中国近代历史上最大的教训之一，是以妥协退让求和平，想以此争取发展国力的时间和空间。所谓的卧薪尝胆的做法反而贻误了发展机遇。因为那些不应有的妥协退让会损害执政者甚至整个国家的公信力，也使所谓的发展机遇贬值。更为沉痛的教训是，中国对一个强国妥协退让，即招致其他强国前来索取。

这并非完全否定妥协的重要价值，而是强调要确立妥协的合理底线，不能滥用妥协、泛化妥协。

要坚持和平、平等的价值观，用真诚、智慧和谋略，综合运用政治、经济、军事、外交、文化、科技等手段，缔造世界和平发展新秩序。

第二，中国须构建更具包容力的全球共同价值观，增进与各国各地区的战略认同。作为领跑者，世界上所有的问题都和你有关。中国参与全球和地区事务，处理矛盾纠纷，要多在共同诉求上下功夫，在利益共享和心理认同的基础上加强合作的深度广度。

化解矛盾的最好方式，就是找到和增加共同利益，用利益链接消弭矛盾因素。即使面对利益争夺，也应努力谋求共赢、共享。

第三，摒弃“干扰等于阻力”的单向思维。仅把外界干扰当作阻力的思维是落后的。应当努力把干扰当作一种特殊机遇，尤其是在无法摆脱这种干扰的时候。

中国积极参与解决全球或地区争端，是实力强大的表现。如果能够主导解决越来越多的争端，则是把本国实力转化为了国际和平秩序的建设力量。

美国以国内法方式介入中国台湾事务，破坏中国国家统一，威胁中国国家安全，我们必须依法反制。美国以国内法方式打压中国高科技企业，损害中国发展权益，我们也必须依法反制。要了解内政与外交因素相互交织的复杂情况，制定和实施必要的政策措施。

今天，任何一个国家的发展进程都不可能不受到外来的干扰。与其说中国的发展进程受到外部影响，不如说外部影响是中国发展进程中必须面对的一种因素。改变世界和改变自己是同步的，是不可割裂的。中国作为区域大国和全球性大国，有责任参与构建国际秩序，推动全球走向繁荣。中国越融入世界，世界越安全；中国与世界一体化越深入，世界越能得到发展。当然，中国融入世界，也不等于要承担超过自身能力的责任。

第四，构建国家利益认知的新思维。目前，中国人对国家利益的认知尚处于相对简单的框架模式中，即局限于经济利益和军事利益，忽略政治利益。塑造地区和全球秩序，就是政治利益。

参与塑造秩序，保持对秩序的充分参与权和主导权，就是扩大自身利益。随着中国海外经济利益的增加，中国更希望海外营商环境、安全环境保持稳定。就是说，他国局势稳定总体上是符合中国利益的；如果他国局势出现不稳定，中国应当在尊重其主权的基础上发挥建设性作用，促进相关方和解，推动恢复稳定秩序。

中方和世界上绝大多数国家都建立了良好的政治和经济合作关系，要在加强经贸合作的基础上，增进人文交流合作，加强文化上的融合。不打意识形态仗，双方不能融合的部分要达成互相尊重的共识。

中国应加强国际调停能力，在争端地区、争端事件上，中国都应从事物本身的是非曲直出发，帮助相关方找出矛盾根源、确立化解矛盾的策略，推动止战止争。

第五，提升中华民族认同和国际认同的重合度。所谓中华民族认同，是指中华民族对自己的认同和世界对中华民族的认同。所谓国际认同，是指中国人、中华民族对世界的认同。我们不得不承认，这两个认同之间存在着一些反差，有的反差还比较大。

从一定意义上说，虽然中国经济体量大了，市场繁荣了，科技进步了，对外交往十分广泛了，但中国人还没有普遍地建立起世界公民的心态。当今世界存在不同的政治制度和发展模式，中国人应主动增强相互尊重和包容的意识，也要增强包容的能力。世界公民的心态，并不是一切向外看，而是既要认识自己，也要认识对方，在两者之间达成平衡，即做到“平视世界”。

今天的中国人处在一个伟大的时代，中国各领域各方面发展都取得了举世瞩目的成就，中国道路、中国体制、中国文化已经彰显出强大的内生动力和强大的感召力。中国人应当自信、自豪地与外界打交道。同时，我们尊重包括美国在内的各国的发展模式、发展道路、发展成就。世界公民心态绝不是只说自己好，当然也不是只说外界好。

中国的道路是世界文明的一部分，中国成就也是世界成就的一部分。社会主义在中国显示强大生命力、创造力，本身就是世界性重大事件，是世界性发展成果。当代中国人是中华文明的承载者和发展者，应当自信、自豪地与西方文明共舞，共同发展进步。西方文明不可怕，可怕的是其中的糟粕；中华文明不孤立，孤立的是其中的自卑。

第六，更加大胆地学习借鉴其他国家最佳实践，学以致用，融会贯通。向其他文明、其他国家学习，并不意味着否定自己，也不意味着己方文明被侵蚀；而是促进己方文明提升和双方文明互动促进。当然，学习、引进、消化吸收是需要方法论的，为了现学现用，还是促进长远融合，是不一样的。但有一点是确定的，只有和当地实际需要相结合，学习借鉴才有价值。

地缘政治竞争或其他方面的竞争，是永远存在的。而善于学习，也是一种竞争。

激发地缘战略红利

用之天下，必量天下而与之；用之于国，必量国而与之；用之于家，必量家而与之；用之于身，必量身材能气势而与之。

——《鬼谷子·忤合第六》

一个国家无论政治制度如何，无论处于何种发展阶段，都受到地缘政治环境的影响。无论是清朝的“边防与塞防”争论，冷战后期的中苏美大三角关系，还是英国的“脱欧”戏码，都与地缘政治的天然条件相关。基于此，我们应当善用地缘政治思维看待矛盾和发展问题。

新中国成立之初，实行“一边倒”外交政策，是形势所迫；到 1972 年中美开启关系实现正常化进程，新中国恢复了中华民族应有的地缘政治态势。从清朝到今天，中国的地缘政治环境并没有发生质变，只是因中国自身制度变化、权力更迭比较频繁，影响了地缘政治举措的稳定性。

中国是天然的海陆双重大国，但一直没有平衡好海陆关系。清朝时，由于高层政治集团缺乏眼界，只知延续封建皇权大统，并且受到内外压力，对海陆平衡毫无战略可言。以至于海陆两头“按住葫芦翘起瓢”，国家资源难以优化使用。甲午战争失败，导致海权尽失，陆权瘫痪。辛亥革命后，民国建立，但既无海权，又无陆权。新中国建立后，长期聚焦陆权，而无法掌控海权。至苏联解体，中苏（俄）确定了陆上边界线，中国的陆权态势得以稳定，而海权矛盾逐步凸显。

直到今天，海权仍是中国面临的最大挑战。中国海陆失衡是国际战略格局长期动荡的必然结果。如今，中国综合国力显著提升，正在从国际秩序的跟随者、适应者转变为平等参与者、共同塑造者，必须形成自己的稳定的海陆平衡战略。正如“二战”前英国奉行光荣孤立政策，俄罗斯用双头鹰表达横跨欧亚大陆，美国推动地区一体化和力量均衡一样，今日中国也应当制定并执行稳定而灵活的地缘战略。

当前，中国制定稳定的地缘战略具备有利条件，但也面临一些挑战。从外部环境看，美国对旧有霸权秩序念兹在兹，极力围堵中国，遏制中国发展壮大，但同时，包括俄罗斯、印度、巴西、伊朗等国家以及部分欧洲国家，都主张世界多极化，反对美国霸权。维护霸权与反对霸权的力量此消彼长。

从中国内部看，不仅政局稳定，经济发展和科技创新的前景也长期向好，发展潜力正不断释放出来。虽然中国大陆和台湾仍处分治状态，但统一大势不可阻挡。中国综合实力足以保障中国领土范围的全局稳定。中国制定稳定的地缘战略面临的主要变数是：世界海权格局，大国关系，两岸状态。这三者紧密联系，其中海权格局是根本，决定和影响后两个因素。

欧亚大陆是人类的核心舞台，其周边环绕着太平洋、大西洋、印度洋、北冰洋四大洋，这一庞大区域的海权大国（区域联盟）有美国、英国、日本、俄罗斯、欧盟、东盟、印度、中国。其中，只有美、俄两国具备掌控前三大洋海权全局的位势。同时，俄罗斯在东西两个方向，分别受到中国、日本、欧洲的限制。而美国不仅具备优越的海权位势，而且其已经由海洋向欧亚大陆腹地深度介入。

除了太平洋、大西洋、印度洋的局势，北冰洋局势也值得关注。从一定意义上说，北冰洋的海权变数更大。如果气候变暖，北冰洋地位提升，俄罗斯的海权地位必将提升。中国与俄罗斯保持战略伙伴关系，可以分享北冰洋航线，缓解太平洋、印度洋、大西洋上的航线压力。而如果中俄关系不稳，中国分享北冰洋航线就将面临一些困难。

欧亚大陆的陆海权格局决定了，中国必须面对美、俄两大海陆权国家，如果两强争斗，或者中国与一强争斗，受伤害最大的都是中国。中国应当同时与美国、俄罗斯保持稳定的关系。中、美、俄能否共同构建战略稳定机制，增强战略信任，是世界和平稳定发展的重大命题。

中华民族位于欧亚大陆的东部边缘，单纯的海权不能保障中国的战略安全，而单纯的陆权又不能满足中国发展的需要。所以，中国必然要与海权大国或陆权大国发生碰撞，因此加强战略协调至关重要。

中国永不称霸，既是基于民族传统和维护和平的信念做出的选择，也是和中国所处的地缘战略条件相一致的。中国不仅自己不称霸，也坚决反对任何霸权行径。中国将从海陆战略平衡的角度出发，促进主要大国增进共同利益和共同责任，为人类共同繁荣夯实基础。

两次世界大战的结果都是海权赢得了主动。第一次世界大战的结果是，德国和俄国这两大陆权同时衰落；第二次世界大战的结果是，德国这一大陆权衰落，苏联这一大陆权被战略包围，以至苏联解体，承接苏联主要政治遗产的俄罗斯也长期处于发展低潮。“9·11 事件”爆发后，作为海权的美国通过发动阿富汗和伊拉克战争，肆无忌惮地夺取陆权。

2022 年美国撤离阿富汗，在陆权部署上作出调整，即在欧洲东部、东亚加码部署军力，是其统筹陆海力量的最新表现。

预计在未来较长的时间里，海权仍将占据主导地位。中国的当务之急，就是持续提升对海洋秩序的影响力，维护健康的海洋秩序，保证国家整体安全。

中国的领海和岛屿呈南北狭长的带状，直接面对太平洋和印度洋，尽管其间也存在不少矛盾争端，但全面来看，这一地理条件依然是中国构建平衡的周边关系的本钱。试想，如果没有这些海域和岛屿，中国将如何拓展海权？在新时代，中国与主要海权国家协商，逐步解决相关争议，是一项重大历史任务。这关乎中华民族能否掌握海权和陆权主动。

参与构建海权秩序，有赖于陆上秩序的稳定。中华民族参与构建陆上秩序的关键在于三个方面：一是中俄关系，二是与中亚诸国的关系，三是台湾岛的稳定。

中俄之间已经形成了稳定的、全面的、高水平的战略协作伙伴关系。中俄两国领导人和各层级保持密切沟通，根据双方的战略需要加强协作配合。双方军事互信稳固，边境稳定，并且在国际事务中保持相互支持。同时，中俄的协作关系并不针对第三方。中俄关系中危险因素是很低的。

中国和中亚国家的关系总体稳定，风险在于域外力量介入和破坏。在上海合作组织机制下，中亚地区安全协作总体良好，经贸活动稳步发展。从长远看，中国与中亚应大体保持同步繁荣，否则，如果两者经济发展存在大的落差，中亚地区的民族主义思潮可能上升并向中国溢出，影响中国边疆地区稳定。

台湾地区的稳定、祖国完全统一，是中国陆权海权走向强大的重要支持因素。海峡两岸同属一个中国，大陆与台湾必将统一。虽然“台独”势力不时与美国反华势力勾结，试图兴风作浪，但无论从法理上，还是促统反独力量的壮大上，两岸完成统一都是无法阻挡的。美国会继续用台湾问题遏制中国，但“台独”挑衅和外部干预越激烈，我们的反制措施就会越有力。

中国辽阔的内陆地区是陆权的基础，也是海权的基础，西南部山川阻隔不利于陆路交流，但也是天然屏障。但同时，只要有陆权相遇的地方，就可能有冲突。美国长期保持着向欧亚大陆深度介入的冲动，与中国邻近的热点区域存在风险。对此，中方要加强与包括美方在内的各国沟通，遏制美方霸权冲动，为热点地区降温，增加稳定因素。

中国的地缘战略目标在于平衡，而不是称霸，所以，要把自身安全与其他相关国家的安全统筹起来，实现共同均衡、开放均衡、动态均衡，使以中国为核心的战略安全体系成为世界安全体系中一个重要支柱。

所谓共同均衡，就是所有参与均衡体系的成员都同时获得均衡，并且各自的得失是透明的，大家都知道各自得失与总体均衡态势的关系。所谓开放均衡，就是中国主导的均衡体系并不是为了挤压哪一个国家，而是兼顾体系外国家的权益。也可以说，这个均衡体系不是针对第三方的，而是与第三方的利益相融的。中国必须与每个国家保持健康的合作关系，通过经贸等机制，促进形成“你中有我、我中有你”的国家关系生态。所谓动态均衡，就是根据时势的改变调整均衡措施，防止政策僵化、决策简化。

均衡不仅需要设计，更要靠实际运行，运行中总会出现一些冲突和摩擦，要加强识别判断，分清楚哪些冲突和摩擦是枝节性的，哪些冲突和摩擦是可能影响整体稳定的。所以，稳定的地缘政治战略是需要一个指挥协调中枢的。

中美关系：合作与管控

> 我们既不要忽视双方之间的问题，也不要夸大这些问题。……让我们像近邻一样生活在一起吧！
>
> ——里根，1984 年 4 月 30 日在上海复旦大学演讲

中美关系是当今世界上最重要的双边关系，一是因为中美两国经济发展的依存度很大，贸易互补性很强。2018 年，美国是中国第一大贸易伙伴国、第一大出口市场、第六大进口来源地；中国是美国第一大贸易伙伴、第三大出口市场、第一大进口来源地。二是因为中美两国同为联合国安理会常任理事国，分别是全球第一和第二大经济体，在各自地区和全球都有重大影响力，对于塑造国际秩序承担着重大责任。三是因为中美两国在亚太地区存在现实利益矛盾，而解决这些冲突，对于国际关系发展也具有重大的影响。四是因为中美两国实行不同的政治制度，奉行不同的意识形态，这种差异会在特定情况下形成冲突。五是因为中国经济总量在不远的将来会超越美国，成为世界第一大经济体，这将改变全球主要国家的力量对比，对于塑造国际关系将产生重大影响。

近年来，美国政界已经形成一种焦虑，一些政客出于维护霸权、夺取优势的目的，拼命遏制中国、打压中国，甚至制造谣

言，以谣言为借口谋划制定打压策略、出台和执行打压措施。这对两国关系形成了不利影响。

然而，基于历史因素与现实态势进行综合分析，很少有人认为中美之间会爆发直接的、全局性的冲突，但并非完全没有冲突风险。

中美双方有很多共同利益，但两国在双边关系和世界事务中也有不同诉求。美国的做法是，千方百计维护其霸权，将维护全球秩序与维护其霸权看作一回事。对世界各地的矛盾冲突，美国以是否合乎自己的利益进行调停或干预，通过经济、政治、军事手段扶持亲美政权。美国出于自身利益需要，会主动点燃或利用地区热点，手段十分卑劣。为维护经济霸权，美国动辄对他国行使长臂管辖权。为谋求贸易利益最大化，美国还会要求贸易对手满足其政治条件。

显然，中美两国的诉求是有差异的，美国强势并且会给合作方带来伤害，而合作方慑于美国的实力往往选择妥协；中国平等待人，与合作方共享利益，但中国不具备美国那样的全球独霸实力，所以在合作中获得的利益也相对少一些。甚至会出现这样的情况，中国与另一方的合作会因美国的干扰而发生改变。

从以上分析可知，中美两国经济互补，本质是全球产业结构重构、产业分工演变的结果，客观上双方都可以从中获益，但经济合作与人文、政治等领域的交融并不是同步的，特别是各国所处地区不同、发展阶段不同、文化传统不同，存在认知和利益上的矛盾冲突。这些矛盾和冲突也会激化。

1980 年至 2000 年中美经济合作快速升温。中方引进美国的技术、产品和资本，美国在华投资并利用中国的低成本劳动力和土地进行生产，形成美国设计并投资——中国制造和出口——美国消费的循环模式。美国利用中国的廉价生产要素，获得了丰厚的品牌收益，并压低了美国市场的通胀率。

而从2000年开始，中国的制造业体系、投资能力、研发设计能力都得到提升，这种循环就不那么稳固了。尽管在惯性作用下中美贸易合作模式依然维系了几年，但在2008年美国金融危机后，这种模式已不可能持续下去。于是，双方贸易争端成攀升之势。

贸易争端加剧，本质上是经济合作领域失衡了。一方面，美国需要中国对美输送大量物美价廉的商品，为美国在华资本提供低成本的劳动力、生产场地、物流服务，为销售美国品牌的产品提供庞大市场；另一方面，美国又认为中国的低成本劳动力、生产场地和高效的生产能力替代了美国制造业，即分流了美国的投资，转移了美国本土就业岗位。其实，美国本土已失去了一些产品的制造能力，这是全球产业分工和梯度转移的必然结果。中国为全世界生产商品，为此消耗了人力物力和能源，美方却指责中国制造消耗了大量能源，推高了能源价格。

中美发展经济技术合作，总体上说，双方都是获益的，一是美国成熟的技术、品牌、管理等进入中国市场，可以显著扩大美国品牌产品的市场规模，为美国资本带来大量利润；二是引进美国技术可以促进中国的技术进步，相关技术在本土化适用后，有助于提高产业链的整体技术水平；三是美国资本进入中国，弥补了中国资本的不足，双方合作可以带动中国企业提升现代化管理水平；四是中国产品（尽管很多是贴牌的）进入美国等境外市场，事实上也提升了中国制造的影响力。总体上，中国因与美国合作提升了市场规范化水平，扩大了就业，积累了资本和制造实力。但也不可漠视中美经济合作的负面效应：大量的制造业生产线转移到中国，其中有的是高污染、高耗能的；大量美国消费品、消费模式进入中国，有的是损害环境、损害人的身心健康的。

美国从立国之始，就是以经济利益为主要导向的，资本家们希望最大限度地开发世界各地市场，其中也包括军火市场。所以，中美在20世纪70年代初实现关系正常化，是经济需要和政治需要一起发挥作用，但经济需要更重一些。当年尼克松访华时，明确提出两个不同制度、不同意识形态的国家照样可以发展友好关系，因为双方有共同利益和共同的希望。这个说法是正确的。只要双方都可以获得利益，都能获得战略安全，为什么不交流合作呢？

美国政治中的霸权特性是一颗毒瘤，危害极深。不少美国政客自诩“高人一等”，天然享有“超级权力”，认为美国在世界上多拿多占是理所当然的。美国行使霸权时，很可能碰触中国利益，严重时则会爆发冲突。中国反复强调，中美之间过去、现在、将来都会有分歧矛盾，双方要化解矛盾、管控分歧。

与美国打交道，既要继续用好双边机制，官方交流与民间交流并重，也要运用多边机制，包括世界贸易组织、二十国集团、区域贸易协定等等。但多边机制里也有风雨。中国加入世界贸易组织，总体上是受益的，中国对外贸易规模实现快速增长，也带动了国内技术、管理、资本、劳动力素质、市场建设、对外交往等的各方面进步。不过，中国加入世贸组织前后谈了15年，说明美西方接受中国并不那么情愿。加入世贸组织后，美国也是对中国发起反倾销仲裁申请最多的国家。2019年，美国政府作梗，索性瘫痪了世贸组织的争端解决机制上诉机构。

由于中美两国是世界前两大经济体，美方所谓的“脱钩”计划也是很难实现的。但是，美国在它认为需要脱钩的方面采取限制、封堵措施，是可能的。这究竟会产生怎样的效果，还有待观察。我们要做的，一是继续扩大双方的共同利益，这不是针对美国政客以及某一届政府，而是针对美国工商界主体，着眼于两国人民长远利益，着眼于全球经济繁荣和世界秩序长期稳定。二是在政治上保持正常沟通，即使美方霸道、不讲理，我们也要泰然处之，努力把道理讲明白，把信息传递给对方。我们并不指望每个分歧都能化解，每个问题都能解决，但要把丑话说在前头。三是做好斗争准备，开展必要斗争。斗争的方式既包括揭露真相，表明态度；也包括采取对等措施，针对对方的制裁实施反制裁；也包括针对对方的军事侵扰，进行必要斗争和反制。

中国给美国划出红线是必要的，是负责任的表现，有利于双边构建稳定关系。美国一些政客霸权思维深重，只许州官放火不许百姓点灯，所以，中国对美方触碰红线的行为必须果断有力地回击。对美国的盟国，中国也要加强沟通协调，努力增厚与其的共同利益。

中方要加大舆论力度，讲清楚中国政治制度和社会治理模式，加强与美国等西方国家普通民众的心理沟通，形成“政治制度不同照样相互合作”的国际政治合作氛围。同时，也要告诉他们，中国特色社会主义制度也是人类的一种选择，世界原本就不可能只有一种制度、一种模式。

近年来，美国政客诋毁、抹黑中国政治制度的情况不时发生，这是中美博弈中的必然现象。对意识形态和政治制度方面的沟通，应当进一步重视起来，采取一些重大步骤。求同存异、聚同化异，同时倡导各美其美、美美与共，是一个持久的话题。

中国对发展中美关系的立场是一贯的，即相互尊重，通过友好协商解决分歧和管控分歧，平等合作，实现互惠互利。党的十八大以来，中方提出发展不冲突、不对抗、相互尊重、合作共赢的中美关系，同时坚定捍卫国家主权安全和发展利益。中美对话合作不是单行道，美方应与中国相向而行。

中俄关系：打造新模式

君子和而不同。

——《论语·子路》

在21世纪即将到来时，俄罗斯迎来了政治强人普京。他于1999年8月被叶利钦任命为代总理，并很快出任总理，2000年3月27日任俄罗斯总统，7月中旬即旋风式访问了中国。

2011年7月13日，普京在主持庆祝斯托雷平诞辰150周年筹备委员会会议时，提到斯托雷平说过的一句话："给国家20年内外安定的时间，俄罗斯将变得你们认不出来。"普京并评价说，"这些话包含了对俄罗斯本身和人民的深切信念"。后来，自媒体上出现了普京说"给我20年，还你一个强大的俄罗斯"的说法。尽管这是演绎的结果，但确实也反映了普京的心声。

普京领导下的俄罗斯，走出了苏联刚解体时的困境，经济逐步恢复增长并进入健康轨道，政治军事实力也持续增强。中俄关系继续发展，进入新型国家关系的新阶段。

新中国成立后，中国同苏联以及后来的俄罗斯共进行了三次多轮边界谈判，历时40多年。前两次谈判在当时的历史条件下，双方没有达成协议。1987年开始的第三次谈判，双方首先确定了相关的谈判原则。这就像2005年中印双边达成《解决中印边界问题政治指导原则的协定》一样，但中俄之间谈成了，而中印之间还在谈。1991 年，中苏国界东段协定签署，但留下了一个尾巴，即黑瞎子岛和阿巴该图洲渚两块地区的边界有待划定。1994 年中俄国界西段协定签署。2004 年 10 月 14 日，普京总统访华，中俄签署了两国国界东段补充协定，标志着中俄长达 4300 多公里的边界线走向全部确定。

在苏联时期，中苏边界分东西两段，当中隔着蒙古国。中苏东段边界长约 4300 公里，西段边界长约 3300 公里。1991 年苏联解体后，先前的中苏东段边界变成了中俄东段边界，而原中苏西段边界中只留下了 50 多公里的中俄边界，其余变成了中国和哈萨克斯坦、中国和吉尔吉斯斯坦、中国和塔吉克斯坦的边界线。中俄边界全线划定，是两国实现睦邻友好、发展长期稳定关系的重要基础。两国不再就边境问题相互猜忌，也不再陈兵威胁。中国北部边疆成为一道和平的边疆。目前，黑龙江境内还开放了漠河、黑河、绥芬河、东宁等 15 个对俄贸易口岸。2021 年，中俄双边贸易额突破了 1400 亿美元大关。

2013 年以来，习近平主席和普京总统保持频繁互访和沟通，有力推动了中俄关系向前发展。到 2022 年 2 月 4 日，习近平和普京见过 38 次面。2019 年以来，中俄双方签署了一系列重要协议和联合声明，将中俄关系提升到前所未有的高水平。俄罗斯外长拉夫罗夫说过，中俄两国建立的紧密坚实的国际战略协作架构，任何第三方即使想在俄中之间“打楔子”，他们也会发现无处下手。

远亲不如近邻。中俄两国作为欧亚大陆上临近的两个大国，能够做到彼此尊重、相互照应、友好相处，实属不易。其中的秘诀就是双方能超越意识形态差异，彼此尊重国家主权、安全和发展利益，尊重各自选择的发展道路。不仅如此，中俄两国发挥主动性，勇于承担国际责任，加强了在国际事务中的协调配合，在全球治理上发出了更加响亮的声音，就应对全球性挑战拿出了切实可行的方案。在解决国际和地区热点问题时，两国坚定捍卫国际公平正义，坚决反对披着“多边主义”和“规则”外衣的霸权行径和冷战思维。在朝鲜半岛、伊核、北约东扩、网络安全、公共卫生等问题上，中俄双方保持密切沟通，致力于公平合理解决问题，促进各方共同利益。

中俄新型国家间关系超越了冷战时期的军事政治同盟关系模式，两国友好没有止境，合作没有禁区，加强战略协调不针对第三国，也不受第三国和国际形势变幻的影响。中俄两国总结历史经验教训，体悟世界形势的深刻变化，一起构建新型国家关系，这是国际关系发展史上的新现象、新成果。

历史总是向前发展的。时光倒退30年，中国经济不如俄罗斯。但在21世纪的今天，中国的经济规模已是俄罗斯的6倍。目前中国是俄罗斯最大的贸易伙伴，但俄罗斯对华贸易额还排不到中国贸易伙伴的前十位。单从经济上讲，中国和俄罗斯不在一个量级上。但也要明白，由于俄罗斯特殊的陆海权地位以及历史传统，俄罗斯的国际影响力依然是强大的。俄罗斯有地缘政治优势，有丰富多元的资源能源和粮食储备，蕴藏着巨大的发展潜力。

在苏联时期，苏方希望中国屈从于苏联的全球战略，但中国坚持独立自主，于是导致两国关系最终破裂。现在中国经济实力强于俄罗斯，但中国不会要求莫斯科屈从于中国的战略。这样的国家关系才是健康的，也才能持久。在大国关系中，中俄真正做到了不冲突不对抗、相互尊重、合作共赢。

中俄双方不结盟，指的是不针对第三方，不搞阵营对抗，但双方在对方需要支持的时候会给予有力支持。同时，在处理其他问题时，双方可以根据不同情况选择一致或不一致的立场。在美国主导的北约东扩问题和所谓“印太战略”上，中俄双方的意见是一致的，即反对通过不正当竞争方式损害他国利益，谋求单边军事优势。

2022 年 2 月 4 日，习近平主席和普京总统在北京举行会谈。两国发表了《中俄关于新时代国际关系和全球可持续发展的联合声明》，呼吁“各国从全人类共同福祉出发，加强对话，增进互信，凝聚共识，捍卫和平、发展、公平、正义、民主、自由的全人类共同价值。尊重各国人民自主选择发展道路的权利及各国主权安全发展利益，捍卫以联合国为核心的国际体系和以国际法为基础的国际秩序，践行联合国和联合国安理会发挥核心协调作用的真正的多边主义，推进国际关系民主化，实现世界和平、稳定与可持续发展”。这是中俄两国立足世界大变局、人类社会大发展、大变革的现实，对构建更加公正合理国际秩序的呼声，其中的理念、主张和构想，将在随后的历史演变中加以验证。

中印关系：高山难阻隔

历史好比一艘船，装载着现代人的记忆驶往未来。

——史蒂芬·斯宾得

中印两国山水相连，地域辽阔，双方有久远的交往史。其中最著名的是中国僧人法显和玄奘去印度取经，印度僧人达摩到中国传教。并且，玄奘的故事被演绎成了著名的《西游记》。在抗日战争时期，中印边界也发生一些相互支援、共同反击日本侵略者的故事，包括印度大夫柯棣华援华、中美联合开辟横跨中印领土的“驼峰航线”等。

中印两国的人口加起来有28亿，是全球最大的发展中国家和新兴经济体的代表，是推动世界多极化、经济全球化、文明多样化、国际关系民主化的两大中坚力量。事实上，中印对国际公平公正秩序的诉求是非常接近的，都有独立自主决定自己国家命运的坚定理念，也都有实现国家强大、人民生活幸福的强烈追求。如果两国没有相互猜忌的心态，没有严重的纠纷矛盾，是完全可以充分利用近邻关系，在经济、政治等方面开展深度合作的。但目前，横在两国面前的一个历史问题确实阻碍了双边关系正常发展。

从新中国成立起，中印之间就存在边界领土纠纷，至今没有成功解决。虽然印度是第一个承认新中国的非社会主义国家，但因领土纠纷，双方关系很难深度发展。用现实眼光看，领土纠纷不应当成为阻隔双边关系发展的大山，而应当把它作为两国关系的一部分内容，在加深双方总体关系的过程中，用更加智慧的办法加以解决。

1962 年中印边境冲突后，中方提出和平谈判解决边界问题，的确是从两国同属受列强欺凌国家、第三世界国家、刚获得独立国家的立场出发的，认为通过友好沟通，可以解决好边界问题。但印度方面没有给予积极响应。

20 世纪 80 年代，在冷战趋于缓和的形势下，中印关系也随之缓和。双方达成协议，在解决边界问题之前，共同维护实控区的和平与安宁，同时改善双边关系。1993 年，两国达成确保实控线两侧和平的协定。1988 年印度领导人访华、1996 年中国领导人访印、2003 年印度领导人访华、2005 年中国领导人访印，都表示要妥善处理边界问题。其中，2005 年双方达成《解决中印边界问题政治指导原则的协定》，确立了相关原则。

但在双方尝试提升合作水平过程中，边界问题仍不时干扰大局。主要问题在印方：1982 年，印度将其在侵占中国领土上建立的所谓“东北边境特区”升为所谓“阿鲁纳恰尔中央直辖区”，1987 年又成立所谓的“阿鲁纳恰尔邦”。期间中印险些再次爆发严重军事冲突。1998 年 5 月，印度拿“中国威胁”当借口进行核试验。2008 年 1 月，印度领导人在访问中国后不久，就到包括中印争议地区视察；11 月，时任印度外长又到印占地区宣称印度主权。

从一定意义上说，印度对华政策具有机会主义色彩，既想和中国发展关系，又把中国的善意当作软弱可欺，所以经常在领土问题上发出挑衅。这破坏了互信，伤害两国关系。2017 年 6 月，印度再次主动挑起边界冲突（洞朗地区），中方果断回击。印度随后不断向边境增兵，最多时达到 4 万人，距离中国最近距离仅 500 米。中方以军事和外交两手应对，挫败了印度挑衅。

2019 年，习近平主席访问印度。两国领导人就边界问题交换意见，商定通过沟通逐步寻求理解，不断化解分歧，不让分歧上升为争端。这是非常有战略意义的安排，因为，中印两国都面临加快发展经济，参与和维护公平的国际秩序，应对气候、可持续发展等全球发展挑战，打击恐怖主义的任务。双方合作比对抗好，相互成就比相互消耗好。

中印可以在管控好边境问题的基础上，开展更加全方位的战略合作。目前，中国是印度最大贸易伙伴，但印度对华贸易发展还比较缓慢。即便如此，2021 年两国贸易总额也已突破 1000 亿美元，双边合作的潜力还很大。两国同为超大规模新兴市场，理念相通，资源互补，并且地理临近，具备合作便利。双方有必要增进相互认知，扩大人文交流，加强互联互通。双方可以在制造业、科技研发、交通运输、能源环保等方面拓展市场，实现互利共赢。双方的合作还可以给第三方带来发展机会。

在双方共同努力下，两国边境地区的友好交往和互利合作初步有了起色，包括开通乃堆拉山口边贸市场，开放乃堆拉山口朝圣路线，并提升交通服务设施。开设了西藏普兰——北阿肯德邦贡吉、西藏久巴——喜马偕尔邦南加两对边贸站，开通了西藏仁青岗——锡金邦昌古边贸市场等。边境交往的好处是，人们可以感受到“对面是朋友、身后是祖国”的情境，加深民间情感沟通。

印度作为南亚大国，谋求自身地缘地位，是可以理解的，但须知，增进与邻近国家的信任关系同样是提升地缘地位的手段。在冷战期间，印度一直和苏联站在一起。中苏反目之后，印度曾与中国对立。而中国与印度的对手巴基斯坦保持着兄弟关系。随着冷战结束，中印关系中既培育了新的积极因素，也还继续存在隐患，必须以超越性视野来构建双边关系。

2020 年 2 月乌克兰危机爆发后，印度采取中立立场。在美方宣布制裁俄罗斯后，印度明确表示不参与制裁，并且与俄罗斯达成了大规模购买石油协议。印俄还达成了使用卢比-卢布计价结算的贸易机制。印度超过 80%的原油依赖进口，如果能源价格持续上涨，必然增加印度经济的运行成本。所以，印度反对美国滥用制裁手段。

中国也是明确表示不参与制裁、继续保持对俄正常贸易的国家。中印两国的这一立场并非仅是经济考量，也是对美国强权政治的否定。正所谓疾风知劲草，这是中印两国共同维护公正国际秩序的一次和鸣。

在此期间，中印也加强了互动。2022 年 3 月 25 日，国务委员兼外长王毅对印度进行工作访问。王毅强调，中印要将边界问题置于双边关系适当位置，不应用边界问题定义甚至影响双边关系整体发展。这表明，中国对印度这个大块头近邻是十分重视的，希望先增进共同利益、促进互信，再逐步解决历史问题。印方也表示，有必要在实控线上尽早完全脱离接触，为双边关系发展创造有利的环境。最近两年，中印就边界问题进行了 15 轮军长级会谈，目的是不再发生对峙。

作为两大发展中国家和新兴经济体，中印应当共同发声，维护多边主义和新兴经济体的利益，可以在联合国、世界贸易组织、金砖国家、二十国集团、上海合作组织和中俄印等机制中加强协调。同时，中印在孟中印缅经济走廊建设上存在巨大的现实利益，在南亚、东南亚、东亚等地区秩序事务中也存在广阔的合作空间。

近年来，美国极力推进其所谓的“印太战略”，并建立了美、印、澳、日“四方安全对话”机制，试图借此围堵中国。但客观讲，除非打“硬仗”，否则，这种机制是不可能围堵中国的，不过是美国试图撬动地区利益的一个杠杆而已。对印度来说，借助外部力量提高自身与中国打交道的筹码，是可能的，但如果因此形成中印相互不信任，则筹码就变成了包袱。我们看到，在2022年3月的“四方安全对话”会议上，印度与日本、澳大利亚和美国保持距离，对压制中国、遏制俄罗斯的议题冷淡回应。

国际形势正在经历重大调整，中印作为发展中大国，都需要一个和平、安全、繁荣的世界。中国反对美国搞霸权，印度也不会把自己的命运绑在美国的战车上。两国应当把“中印互不构成威胁，互为发展机遇”的理念落地生根，变为管控分歧，助力共同发展的动力。

中国与伊朗：长远战略相依

道虽迩，不行不至；事虽小，不为不成。

——《荀子·修身》

伊朗是中东地区的重要国家。从1971年中伊两国建交以来，双方一直保持友好合作关系。中方支持伊朗维护国家主权和合法权益的行动；伊朗愿意和中国发展友好合作关系。两国是石油贸易重要伙伴，经贸和政治合作前景广阔。

伊朗具有重要的区位优势，南临波斯湾和阿曼湾，北临里海。地处亚洲、欧洲和非洲的中枢位置，被称为“欧亚路桥”和“东西方空中走廊”。伊朗的石油和天然气储量分别居世界第四位和第二位。铁、铜、锌等矿产也非常丰富。石油收入占伊朗外汇总收入的一半以上。伊朗在中东地区有重要影响力，是影响区域稳定和全球政治平衡的重要力量。

近年来发生在伊朗的、牵动全球神经的最重要事件，是伊朗核问题全面协议的建立和执行。2015年7月，伊朗核问题六国及欧盟与伊朗达成了全面协议，联合国安理会通过第2231号决议核可了这一重要成果。2016年1月16日，协议付诸实施。

但美方作为其中的一方，在2018年5月突然撕毁协议，并阻挠其他国家执行协议。美方这样做，是为了遏制伊朗经济发展以及伊朗在中东地位的上升。中方与除美国以外的各方，从维护伊朗发展权利和能源有序供应的角度出发，都主张维护伊核协议，反对美方单方面施加制裁。

为反击美国破坏协议和增加制裁，自 2019 年 5 月起，伊朗已分三阶段陆续中止履行伊核协议的部分条款。

2020 年 1 月 3 日，美军用无人机发动袭击，杀死伊朗伊斯兰革命卫队负责海外行动的指挥官苏莱曼尼将军，加剧了美伊矛盾。在欧盟协调下，美伊开展了间接谈判，但进展并不顺利。

伊朗核问题具有地缘政治复杂性，应当通过和平谈判加以解决。联合国安理会第 2231 号决议是公正和平解决该问题的基础。美国单方面制裁给伊朗经济发展带来了实际伤害，是不公正的。伊朗作为主权国家，可以和任何国家发展政治和经济合作，不应当听美国的摆布。

美国基于自身霸权利益，不仅制裁伊朗，还试图限制其他国家与伊朗发展正常贸易，同样以制裁相威胁。中国也受到了美国威胁，美国甚至指控中国华为公司违反了美国制裁伊朗的规定，唆使加拿大警方扣留了途径温哥华的华为高管孟晚舟。为营救孟晚舟，中国与美、加开展了长达 3 年的斗争，最终实现孟晚舟平安回国。

伊朗作为中东地区大国，应当承担起大国责任，促进本地区和平与稳定，以开放胸怀和务实举措参与国际事务，增进国际社会公平正义。中国支持伊朗在中东稳定、独立、发展进程中发挥积极作用。倡议搭建海湾地区多边对话平台，以集体协商方式管控危机；由易到难，累积共识，推动形成海湾集体安全机制。目前，在中国支持下，“海湾地区安全多边论坛”作为“2 轨”渠道，已经启动。

巴以矛盾是中东地区的火药桶，而始作俑者是美国。伊核协议签署后，以色列一直持反对态度。伊朗坚持推动中东和平进程，但反对巴以和谈；同时，主张波斯湾地区的和平与安全应由沿岸各国通过谅解与合作来实现，反对外来干涉。对伊朗的这些政策，除了反对巴以和谈一项，中国总体是支持的。中国认为，中东人民才是中东的主人；中东只属于中东人民，不是任何人的领地。中国积极促进中东地区和平，2023 年 3 月 10 日，中国与沙特、伊朗在北京发布三方联合声明，宣布沙特和伊朗同意恢复外交关系。

美国长期利用巴以矛盾，搅乱中东的局势，从中渔利。稳定伊朗的中东地区地位，有助于推动包容和解，促进中东国家独立自主地解决矛盾，探索适合自己的发展道路。其中，既要通过多边沟通机制，改变美伊严重对立的局面，也要为伊朗发展经济创造条件，增加推动力。伊朗不应当因为与美国、以色列的矛盾而失去发展机会。

中国倡导的“一带一路”国际合作，是应对全球经济动力不足、协调不够、平衡不够的挑战，促进互联互通、互惠合作，为全球打造新的增长点、增长带、增长极的重大尝试。伊朗地处陆海丝绸之路的枢纽地带，自古以来就是丝绸之路上的重要节点。中国同伊朗等中东国家加强合作，对于深化“一带一路”国际合作具有重大意义。中国与伊朗等中东国家发展能源、基建、工业、技术、金融等领域合作，有利于双边、多边经济质量提升，有利于地区繁荣稳定。

2016 年 1 月，习近平主席访问伊朗期间，两国发表了建立全面战略伙伴关系的联合声明，其中提出“双方同意就达成25年全面合作协议进行必要沟通和磋商”。2021年3月27日，国务委员兼外长王毅访问伊朗，与伊方签署了《中伊全面合作计划》（又称“25年全面合作计划”），涵盖政治、战略及经济等范畴，聚焦能源、基础设施、制造、技术等领域的合作，为中伊未来25年合作构建了宏观框架。

目前，中伊已在高铁、石油、天然气、电站、通讯等多个领域开展合作，持续扩大能源贸易规模。随着中伊全面合作协议签署并实施，两国可以更加“放开手脚”展开各项工作。

同时，很多海湾国家也都制定了发展愿景，中国也一样愿意在互利共赢基础上与他们达成协议，增进合作，共同促进海湾地区稳定。在条件成熟时，中国可以和海湾合作委员会建立战略伙伴关系，建成“中海自由贸易区”。

中伊双方可以进一步加强在国际事务中的合作：一是维护以联合国宪章宗旨和原则为基础的国际关系基本准则，以国际法为基础的国际政治经济秩序。二是维护地区和平稳定，增进经济繁荣，改善民生。三是加强在国际及地区组织框架下的协商合作，扩大共同利益基础。中伊双方要共同推动建立“中东无大规模杀伤性武器区”。同时，确保伊朗充分享有和平利用核能的合法权利。

中伊两国都有优秀的文化传承，都有共同遭遇列强欺凌的历史，都有发展经济、提高民生福祉的现实需要，也都有解决难题挑战的智慧，双方要加强战略沟通、务实合作，与各国一道促进中东和平稳定。

中日关系：谋求和平相处

战略互信能够取代一个战略威胁体系吗？

——基辛格

经历了“二战”后70多年国际格局的演变，我们对中日关系的复杂性有了进一步认识。中日关系既是一组“双边关系”，也是嵌入在中美关系中的一个“政治关系板块”。中日关系还脱离不了亚太整体战略安全的大格局。另一方面，中日之间一衣带水，文化传统相近，战略安全和经济合作的依存度很高。改善和稳定中日关系，对于中日两国发展和区域稳定都具有重要意义。

日本历史上侵略过中国，给中国造成了巨大的生命财产损失和民族灾难，这段历史不能忘掉。日本一些人试图否定侵华历史，甚至试图复活日本军国主义，用武力优势增强其地区优势，挑战地区和平，值得特别警惕，应当采取必要措施加以遏制。美国因素在日本渗入很深，日本一系列政策都与美国有关，所以，要将中美日关系统筹起来考虑。

1972年中日关系正常化后，双方经济联系日益紧密，日本资本过剩、技术先进、管理先进的长处与中国资本不足、技术管理落后形成互补，两国经济合作促进了双方经济共同繁荣。

我国从1979年开始使用日元贷款，2008年结束。在此期间，日本政府累计向中国政府承诺提供日元贷款约 33 164.86 亿日元。截至 2015 年底，中国利用日元贷款协议金额 30 499 亿日元，累计提款 26 886 亿日元，已偿还本息 20 688 亿日元。日本还对中国提供了无偿援助，截至 2011 年底，我国累计接受日本无偿援助 1423.45 亿日元。

中日两国贸易的依存度很强，两国贸易额达 3000 多亿美元。中日贸易额占日本对外贸易总额的近 1/4，约等于日本同美国及欧盟贸易额之和。从 2007 年起，中国一直是日本最大的贸易伙伴；日本曾连续 11 年是中国的第一大贸易伙伴，目前是中国的第四大贸易伙伴。日本是中国的第三大外资来源国。

2020 年 11 月 15 日，东盟 10 国和中国、日本、韩国、澳大利亚、新西兰共 15 个国家正式签署了《区域全面经济伙伴关系协定》（RCEP），标志着当前世界上人口最多、经贸规模最大、最具发展潜力的自由贸易区正式启动。鉴于中日韩本已十分紧密的贸易合作关系，协定将大大降低三国之间的贸易投资成本，增加新的增长点，也将推动东亚区域在科技、金融、医疗、环保、旅游等方面深化合作。中日借此形成更稳定合理产业链、供应链，有助于双边关系稳定。

中日之间有传统文化的纽带，双方文化交流十分活跃。在文艺、教育、学术、体育、影视、动漫等领域交流十分频繁；文物、书画、戏剧等东方文化的互动成为一道风景线。日本已成为中国最重要的文化贸易伙伴之一。中日人民的民间情感也有改善，2008 年汶川 5·12 大地震，日本救援队以“抢跑”速度前来救援。2020 年中国新冠疫情发生后，日本也迅速提供医疗和物资支援。2021 年日本举办东京奥运会，中方派出了史上规模最大的体育代表团。

日本政府经常更迭，稳定性不强，但是其政策也具有一定的连续性，即稳定中日经贸关系是其一贯的诉求。但是，由于日本长期依附美国，积累了一些结构性的内部治理矛盾，所以，一些政客试图通过所谓“国家转型”、军事扩张来缓解矛盾。这为中日关系蒙上了阴影。

近年来，日本部分政客推动把自卫队写入《日本国宪法》第9条。日本民间反对修宪的声音不断。如果这一修改落实，意味着以宪法形式约定的日本放弃战争、不保有战争力量、不承认国家交战权的内容失效。这和2015年通过的《安全保障关联法》结合起来，日本自卫队就可以与美军化为一体，日本就可以到世界任何地方打仗了。

1947年实施的《日本国宪法》规定，日本放弃战争、不保有战争力量、不承认国家交战权。1951年，美日两国签订《日本安全保障条约》，1960年签署了《日本新安保条约》，其中确立了日本从属美国及美军在日本驻扎的法律依据。根据以上法律条款，美国可以在它认为必要时为日本指定敌人，而无需日本同意；美国在日本境内进行军力部署，也无需经过日本的同意。并且，日本多数主战装备都是美国提供的，使用这些装备必须经过美国授权。

美日不断强化和扩展同盟关系，导致中日关系发展受限。并且，美日双方通过调整法律条款，推动日本在区域内扩大军事干涉能力，对中国制造压力。2020年8月、2021年3月，日美防长会晤时，确认钓鱼岛问题适用于《日美新安保条约》；2021年4月，日本首相与美国总统再次共同确认钓鱼岛适用于《日美新安保条约》。这事实上改变了美国在1972年中日建交时有关对钓鱼岛主权归属保持中立的立场。

尽管存在战略安全矛盾，但中日之间出于安全管控的需要，从20世纪70年代末开始军事交流，保持了正常沟通。但在1989年中断了交流，至1995年恢复。1997年至2011年，中日防务部门举行过9次安全磋商。2018年6月，中日防务部门海空联络机制正式启用。

中日两国一衣带水，是搬不走的邻居，应当加强互信，按照“互为合作伙伴，互不构成威胁”的原则发展关系。但由于美日同盟的存在，加上美国政客对中国的政策经常反复，近年来更是不断破坏两国的正常关系，这导致日本对中国的政策也不稳定。

从中方来讲，在加强与日本经贸联系和军事交流的基础上，也必须加强军事应对能力，以维护东海和整个亚太地区的安全稳定。有备无患，才能防患于未然。经过近20年的发展，中日海上力量对比已经发生了根本性变化，日本已经完全在中国军力的辐射范围内。这一军力均势对于稳定亚太战略局势具有积极意义。

可以预见，中日关系总体上将处于“稳定”加“防震”的状态，这是因为，日方既要与中方发展稳定的经贸关系，又要与美国的战略安排绑在一起。所谓“稳定”，就是确保两国关系不脱轨，及时就分歧矛盾进行沟通，确保经济文化交流正常化，同时增进政治互信。所谓“防震”，就是防止发生政治安全危机，一旦发生了危机事件，也要控制住。

如果中美冲突升级，日本必然选边站队。中方要创造条件改善与日本的关系，但也不要抱过高期待。在重大安全问题上，应对日保持压制态势。在东海、台湾、历史等问题上，要亮明态度，维持适度警戒水平。

构建更包容的均势世界

前事不忘，后事之师。

——《战国策·赵策一》

习近平总书记指出，“世界人民有许多共同的价值观：和平、发展、公平、正义、民主、自由。”

人类社会走到了又一个十字路口。从“9·11事件”到华尔街金融风暴，从朝核问题到伊核问题，从伊拉克战争到也门烽烟，从英国“脱欧”到东亚博弈，从北约持续东扩到乌克兰危机，世界总不太平。而新的纷争似乎正在酝酿。

如果把美国和北约的霸权模式延伸到亚洲，我们便可以清晰地看到，美国在亚太地区扩展美日同盟、美韩同盟、美澳同盟，在印度洋地区不断深化美印军事合作关系，其目的就是称霸亚洲、挤压亚洲其他国家的主权和安全利益。美国如此布局，给中国强加了更多安全风险。

当然，压力和阻力也是双向互动的。新崛起大国必然会因发展速度加快而遭遇日益增大的压力和阻力，而突破这些压力和阻力正是大国崛起成功的标志。乌克兰危机爆发后，美国和北约加强了对乌克兰的军事和政治支持，但对于公开出兵做模糊处理，究其原因，一是希望用乌克兰做代理人，延长战争时间，消耗俄罗斯的实力；二是避免与俄罗斯直接交战，防止战火向美国和北约的腹地蔓延。

中国坚持按事情本身的是非曲直看待问题，主张对所有当事方的安全关切予以照顾，同时，反对未经联合国授权的单边制裁。中国提出了一系列重要主张，包括：尊重各国主权、独立和领土完整；国际法应当得到平等统一适用。中国支持和鼓励一切有利于和平解决乌克兰危机的外交努力，鼓励俄罗斯和乌克兰直接对话谈判，支持欧方与俄罗斯就欧洲安全问题进行平等对话，最终形成平衡、有效、可持续的欧洲安全机制。中方认为，乌克兰应当成为东西方沟通的桥梁，而不应沦为大国对抗的前沿。

目前，美国仍然是掌握了科技优势、经济优势、军事优势和国际舆论优势的唯一国家，但其到处点火和掠夺，也使自己陷入了无法自拔的霸权困境中。美国霸权模式已反噬到其政治、经济、社会的各个层面。

近年来，由于美国不断升级霸权政策，全球均势面临被打破的风险。如果欧亚大陆上任何一个大国突然衰落，引发既有战略均势突变，必将为极端主义、狭隘民族主义、恐怖主义提供泛起的机会。那么，留存的大国必须面对新的挑战者，也要面对可能出现的长期地区动荡。

随着欧亚大陆加快形成互联互通的大市场，全球文明加速交汇融合，美国主导的、符合其自身战略方向的原有均势体系已经发生改变，美国对全球均势的影响力在下降。因此，美国想尽办法阻止新兴力量崛起，阻挡新兴力量冲击原有的地区战略均势，并极力阻止新兴力量替代美国的地缘地位，即美国所声称的“填补政治真空”。美国采取火上浇油和挑拨离间的做法，制造新的热点，以此维护自身霸权，防止霸权被削弱。而美国的这种做法，必然使区域矛盾进一步加剧。

虽然美国霸权已经走上由盛及衰之路，但瘦死的骆驼比马大，其对外干预能力仍是巨大的，所以，霸权与反霸权、控制与反控制、介入与反介入的斗争是长期的。未来一个时期，世界上没有一个可以主宰欧亚大陆各大国事务的主体，也不可能存在单一地区独创、独享的繁荣与安全。无论区域内还是全球，单个国家的安全与全球整体安全的矛盾，这个国家的安全与另一个国家安全的矛盾，都将继续存在。为此，必须加强国际协调合作。

人类经过了近两个世纪的轮回，那种不尊重区域性文化和民族传统的、纯粹的地缘政治博弈模式，已被人们所厌倦。美国若坚持使用纯粹力量博弈法则塑造欧亚大陆，那么，即使不出现与之对等对抗的大国，其也无法将每一个区域、每一个国家当作全球战略的支点。若不尊重区域基本利益和当事国的根本利益，所谓“盟国”协议也将是废纸一张。

看清楚以上逻辑，我们就有充足的信心去创造一个有利于我们、也有利于大家的更美好的未来。

经历了疾风险浪洗礼的中华民族，深知和平稳定之宝贵、公平正义之无价。在百年未有之大变局中，中华民族同世界各民族一样，关心地球的命运、人类的命运，深刻思考人类发展的未来，倡导建立没有血腥和战火的和平世界。

无论地缘之争，还是理念之争，或是风险发生之后的责任之争，本质上都是利益不平衡和对利益认知的不平衡所导致的。地球只有一个，恶性争斗和恃强凌弱，必然导致从不平衡走向新的不平衡，必然对经济、社会、自然和人民利益带来巨大损害。当然，利益均衡不可能自动到来。主要大国应当担起责任，带动构建政治经济新秩序、国与国之间新型关系，带动形成全球发展和博弈的新理念。

从“二战”后东亚和西欧的发展历程来看，虽然两个区域发展的路径、方法并不完全相同，但通过和平谈判解决矛盾，将冲突限制在一定范围内，达到利益均衡和秩序稳定是可以做到的。进入新时代以来，中国倡导的人类命运共同体理念，就是把人类当作一个整体，把各国当作一个集体成员来考虑，大国帮助小国，强者帮助弱者，用和平方式解决矛盾，对所有国家合理关切都予以回答。从长期来看，这样的秩序对所有各方都是有利的。

构建更加公平正义的国际关系新秩序，已十分迫切。我们回望二百年人类历史，可知列强纷争、两霸相争、一家独霸，都不能实现所谓的势力均势，即使一时实现了，也没有消除长期风险。我们需要更多凝聚共识，形成公认的共同体纪律，一步步采取措施，一步步深化实践，一步步累积成果。前进的道路依然艰辛，我们要捍卫和平、发展、公平、正义、民主、自由的全人类共同价值，推动人类正义事业继续前行。

我们对共同生活在亚洲的所有近邻国家抱有友好的感情，对欧洲、美洲、非洲、大洋洲等所有地区的国家也都抱有天下一家的美好感情。但我们也深知，地球上永远存在利益差异和地缘矛盾，战火仍可能不时燃起。其他类型的争夺也会再起波澜。但我们相信，公平正义是解决所有这些问题的总开关、金钥匙。强权政治、单边行径、霸权主义不可能真正解决矛盾，反而是祸水和灾难，必须坚决遏制。

有着优秀文化传承的中华民族，有责任为人类做出新的更大贡献。在人类社会的又一个十字路口，我们坚定站在和平正义的一边，站在互惠互利、共同繁荣的一边，与各国一道建设持久和平、普遍安全、共同繁荣、开放包容、清洁美丽的世界。

后记

当今中国，告别了昔日的贫穷落后，走上了富强繁荣的康庄大道。中国在地球村的角色定位，已由往日的“追随者”向新时代的“共同塑造者”转变。中国将如何塑造自己？又如何塑造自己与世界的关系？凭什么来塑造？这些问题，不仅中国人自己关心，全球也在瞩目。

在中国特色社会主义制度下，中国经济社会发生翻天覆地的变化，中国成为全球最具发展活力、最具吸引力创新力的地区之一，中国超大规模市场不仅造福本国人民，也给世界带来机遇、注入动能。不仅如此，中国人的民主参与、政治表达、创新创造、开放合作、人文时尚等各方面也都活力迸发，展现出广阔发展前景。

可见，制度的稳定性和竞争力，取决于该制度是否解决了以及是否能够持续解决大多数人期盼解决的问题。从这个角度说，中国特色社会主义制度是有强大优势的。中国发展之路打破了“现代化=西方化”的迷思，展现了人类现代化的另一幅图景。中国模式发展壮大了中国，也为人类探索更好社会制度提供了新的方案和路径。

回望冷战时期，两种社会制度之争贯穿数十年，但仔细揣摩，我们会发现，附着在“制度之争”上面的，其实是各种“资源之争”“影响力之争”。冷战结束本质是科技进步导致的结果——因科技扩展了战斗威慑力，因科技扩展了资源供给力，因科技扩展了人们加强联系与互惠合作的需求。于是，冷战的内在驱动力就降低了，维持不下去了。同时，冷战失败的一方，败在僵化和腐败，而不是图纸上的制度设计。制度好与不好，关键看实践成果，最终要由人民来检验。

在全球化、信息化、市场化日益深度交织、一国一域难以独善其身的世界里，社会政治制度的进步也是必然的。如果把人类的进步归结于一律套用某一种制度，则是对全球化的严重误读。

我们对待国际关系、国际舆论，对待竞争对手和合作伙伴，要尊重，但无论任何时候，尊重都是相互的。这个基本原则和底层逻辑，不应因国家的贫富、大小、强弱而动摇。不能相互尊重，就谈不上其他。一国公民为自己的国家服务，为自己的民族服务，是必然的和必须的。先发展起来的国家，特别是先发展起来的大国，除了管好自己，也要参与管理世界，与其他各国一起构建全球秩序和全球规则。但不能因为块头大而欺凌别的国家特别是相对弱小的国家。既平视世界，又近贴民心，才能够把内政外交协调统一起来，把本国发展利益与全球共同发展利益协调一致起来。

在向前发展的大路上，我们当然要正视并解决自身存在的问题，欢迎抱以共同进步初衷的良言善策。但评判中国的问题，应当站在全球视野下来评判，不能只站在美国的立场上来评判。同样，中国评判其他国家的问题，也应该站在全球视野下来评判，不能以自己的好恶来评判。

世界是普遍联系的。美国把美国的事情办好有利于全世界，中国把中国的事情办好有利于全世界，中美关系搞好了也有利于全世界。近年来两国相争事态不断发展。美国极少数政客频频挑动是非、激化矛盾，是极其不负责任的。

中国对待世界，是充满了温情和善意的。但让中国打不还手、骂不还口，是不可能的，也是毫无道理的。没有哪一个主权国家会接受这样的霸权、霸道、霸凌。中国人面对侵略行径，应当果断还手，给予迎头痛击。打得一拳开，免得百拳来。

“天下一家”，“天下为公”，“有朋自远方来，不亦乐乎”，“人不知而不愠，不亦君子乎”，这些世代传承、大爱醇厚的文化底蕴，哺育了一代又一代热爱世界、追求和谐的中国人。我们将继续以博大胸怀参与全球事务，以中国式现代化为全球进步事业注入正能量、新动力。但同时，在遭遇恶意打压、遏制、封锁时，我们必须与狼共舞，保家卫国。基于我国已有的，并且还将继续提升的综合实力，基于足以保家卫国的军事能力，我们不惧怕任何人制造所谓的围堵、遏制。正所谓，朋友来了有好酒，豺狼来了有猎枪。

总的来说，处理中国与外部世界的关系，塑造更加公平公正和繁荣稳定的世界秩序，要靠三个层面的实力：一是综合国力。没有物质实力做支撑，就没有条件去参与塑造国际秩序。二是制度实力。优越的制度可以内聚民心、外聚认同，可以形成强大的价值力量和道德力量，将精神力量与物质力量协同一致。三是思想和哲学力量。人们终究要“活在道理里”“活在辩证法里”，所有成功者都是尊重实际、顺应规律、超前谋划、善做善成的人。中国和世界，最终都要在规律中生存。必须建立和巩固强大的思想理论体系，用以指导实践。

人类已经创造了辉煌的历史，人类需要更美好的世界。新的时代已经来临，让我们一起继续努力。

董少鹏

2023 年 6 月 1 日

参考文献

习近平：《习近平谈治国理政》（第一、二、三卷）。

中共中央宣传部：《习近平新时代中国特色社会主义思想学习回答》，北京：人民出版社，2021 年 2 月。

习近平：《论中国共产党历史》，北京：中央文献出版社，2021 年 2 月。

中共中央党史和文献研究院：《毛泽东 邓小平 江泽民 胡锦涛关于中国共产党历史论述摘编》，北京：中央文献出版社，2021 年 2 月。

胡绳：《从鸦片战争到五四运动》，武汉：长江文艺出版社，2019 年 8 月。

简又文：《太平天国革命运动史》，北京：九州出版社，2020 年 11 月。

展华云：《海防与塞防战略研究》，北京：海洋出版社，2018 年 7 月。

张晓玮：《近代反侵略战争》，广州：中山大学出版社，2021 年 2 月。

王美平：《日本对中国的认知演变：从甲午战争到九一八事变》，北京：社会科学文献出版社，2021 年 1 月。

李细珠：《新政、立宪与革命：清末民初政治转型研究》，北京：北京师范大学出版社，2018 年 5 月。

侯中军：《中国外交与第一次世界大战》，北京：社会科学文献出版社，2017 年 11 月。

任军、乔翔：《中国共产党民主思想发展历程》，北京：社会科学文献出版社，2018 年 7 月。

茅家琦、徐梁伯、马振犊、严安林：《中国国民党史（上）》，南京：江苏人民出版社，2018 年 1 月。

杨奎松：《国民党的“联共”与“反共”（下）》，南宁：广西师范大学出版社，2016 年 3 月。

石善涛：《新中国外交理论与实践：1949—2019》，北京：当代中国出版社，2020 年 8 月。

计秋枫：《中国外交历程：1949—1989》，南京：南京大学出版社，2018 年 3 月。

中共中央党研究室：《中国共产党的九十年：社会主义革命和建设时期》，北京：中共党史出版社，2016 年 6 月。

邓红英：《中印边界问题与印度对华政策》，北京：世界知识出版社，2019 年 8 月。

朱明权：《尼克松时期的美国对华政策（1969—1972）》，上海：上海人民出版社，2011 年 6 月。

王巧荣：《中华人民共和国外交史（1949—2019）》（第二版），北京：当代中国出版社，2020 年 9 月。

王帆：《大国较量：战略博弈的逻辑》，北京：中共中央党校出版社，2020 年 12 月。

张蕴岭、高程：《改革开放以来的中国与世界》，北京：社会科学文献出版社，2018 年 12 月。

金祥波：《朝鲜对外战略史研究》，北京：中国社会科学出版社，2012 年 7 月。

杨洁勉：《中国外交与和平发展》，北京：人民出版社，2019 年 4 月。

Arthur S. Link, ed. , *The Papers of Woodrow Wilson* , A Press Release, August 4. 1914. , New Jersey, Princeton University Press, Vol. 30 .

The White House, *A New National Security Strategy for a New Era* , December 18, 2017.

The White House, *A New National Security Strategy for a New Era* , December 18, 2017.

[英] 杰弗里 · 帕克：《地缘政治学：过去、现在和未来》，刘从德译，北京：新华出版社，2003 年 1 月。

[法] 魏柳南：《伟大的变革：中国追梦新时代》，韩冰、鹫龙译，上海：东方出版社，2021 年 1 月。

左凤荣：《应对大变局：中国与世界》，北京：中共中央党校出版社，2021 年 3 月。